滄海叢刊

放眼天下

陳新雄著

1991

東大圖書公司印行

國立中央圖書館出版品預行編目資料

放眼天下／陳新雄著.--初版.--臺北
市：東大出版：三民總經銷，民80
面；　　公分--（滄海叢刊）
ISBN 957-19-1289-1（精裝）
ISBN 957-19-1290-5（平裝）

1.政治—中國—論文，講詞等
573.07　　　　　　　　　　80000225

ⓒ 放眼天下

著　者　陳新雄
發行人　劉仲文
出版者　東大圖書股份有限公司
總經銷　三民書局股份有限公司
印刷所　東大圖書股份有限公司
　　　　地址／臺北市重慶南路一段六十一號二樓
　　　　郵撥／〇一〇七一七五—〇號

初版　中華民國八十年九月

編號　E57091

基本定價　伍角陸分

行政院新聞局登記證局版臺業字第〇一九七號

有著作權．不准侵害

ISBN 957-19-1290-5（平裝）

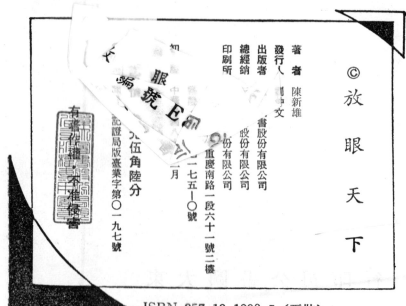

腥鎮壓，震動世界。接著是東歐翻天覆地的變化，短短幾個月，大部分東歐共產政權相繼倒臺。變化之大之快，眞使人目爲之眩，神爲之搖。伯元對於臺灣發展憂心忡忡，對於六四慘劇痛恨不已，而東歐的變化則激起對國家民族無窮的信心與希望。他在青年日報副刊連續發表了六十多篇文章，表達了極大熱情和深邃的見解。

現在伯元把這些文章結集出版，書名叫做《放眼天下》。因爲文章均爲客居香江時所寫，有些內容在寫作時曾經和我談論過，所以要我寫一篇序，這在我是很感光榮的事；而對於單行本出版後，必將有更多讀者讀到這些文章，尤感高興。

左松超

一九九〇年十二月於香港浸會學院中文系

左序

一九八九年十月到一九九〇年九月，伯元應香港浸會學院之聘，擔任中文系的客座教授。這兩年，我們有比在臺北更密切的交往。在學校，由於研究室相鄰，每當在教學或者研究和其他方面有問題時，我就敲開他的門，和他商量，交換意見；有一陣子，中午常相偕步行到附近的樂富去午餐，途中經過一個小公園，穿過長長的花廊，我們邊走邊談，興致極佳。陶淵明詩說：「奇文共欣賞，疑義相與析。」我們也正多這樣的樂趣。

伯元是個性情中人，從他喝酒常醉可以看出。有一回從臺北回來，悶悶不樂，說是喝醉了酒，酒後失言，得罪朋友，極為懊喪；但是後來依然醉酒如故。他對朋友，對老師，極富感情，景伊師去世後，寫了很多悼念詩文，每次和我談起，都感念師恩不已，很使我感動。他對國族前途，更是滿腔熱情。在這兩年中，世界發生許多大事，其重要性和具有的震撼性，前所未有。在中華民國，蔣經國總統去世後，由李登輝先生繼任，繼續推行民主和開放政策，開放人民到大陸探親，隔絕四十年的兩岸，終於踏出了交流的第一步。但是民主的道路並不平坦，伴隨而來的是許多脫序現象：金錢遊戲，統獨之爭，暴力從立法院漫延到民間，治安敗壞。在中國大陸，八九年四月北京學生開始遊行、靜坐、絕食，要求民主，舉世矚目，到六月四日發生了慘絕人寰的血

沈序

清流與諍言

——讀陳新雄老師的《放眼天下》

沈謙

「風聲、雨聲、讀書聲，聲聲入耳；

家事、國事、天下事，事事關心！」

這是明代大儒顧憲成的一段名言，頗能代表中國傳統讀書人的襟懷。但是，在目前紛冗的社會中，卻演變成：

「打聲、罵聲、吵架聲，聲聲入耳；

閒事、雜事、無聊事，事事關心！」

這當然是一種諷刺，更重要的是，無論在怎樣的世紀末的混亂之中，仍然有若干中流砥柱的知識分子，將傳統士人的氣節與襟期存續維繫，永不斷絕。

我的老師陳新雄先生，就是這樣一位讀書人。

陳老師的《放眼天下》，就是這樣的一本書。

能夠受教門下，親炙經師、人師的風範，又能夠從老師的「放眼天下」中拓展胸懷，提昇意志，寧非殊遇福緣？再加上奉諭爲《放眼天下》作序，更屬喜出望外，豈能不直抒胸臆，使生命得到舒暢？

第一次見到陳老師，是民國五十八年在師大國文系四年級的訓詁學課堂上。他那時剛得到國家文學博士，意氣風發，顧盼煒如。訓詁學是一門受學生敬畏的學問，陳老師之所以受大家敬畏，不只是沾訓詁學的光，而是藉這門課爲我們奠定了文字、聲韻、訓詁的系列基礎，更難能的是他最具「書生本色」，望之儼然，卽之也溫。

再度受教於陳老師的門下，是民國六十一年研究所的「古音研究」，這時候對老師已經由「敬畏」轉爲「敬愛」。儘管我們對「古音」欠研究，甚至還會偶爾埋怨老師「以君子之心度小人之腹」（在聲韻學的造詣上，同學們確屬小人），但是總算弄清頭緒，有了概念。更可貴的是，老師對學生關愛的眼神，並不僅限於聲韻學，有一言一行之美者，未嘗不嘖嘖稱道。關愛與激勵常能激發人性內在的潛能，當然，愛戴與之俱生。

與陳老師相處愈久，愈能感受到書卷氣的溫馨。老師的專長，是硬幫幫的聲韻學；老師的本色，是嚴謹的學者，但是卻頗具遊於藝的精神。飲酒賦詩，在蠶繭紙上揮毫，酒量雖非極佳，豪情爽快卻絕不後人。在共享的美好時光中，金防部司令官賜宴，有老師在，不敢坐首席！中山公園烹茶暢敍天下事！香港浸會學院校園樹蔭下，聽老師從文字學的角度笑論中共經濟：「搞生產，『产』字沒有生，工『广』中間是空的，還能搞出什麼名堂！」

子曰：「君子不器！」

老師說：「讀書人就是要做通人，不讀通鑑，怎麼能做通人？」

陳老師之爲通人，不只是自己讀通鑑，教學生讀通鑑，同時更由於他秉承了傳統讀書人的襟期，《韓詩外傳》：「衆人之唯唯，不若直士之諤諤。」《後漢書・范滂傳》：「登車攬轡，慨然有澄清天下之志。」「士必先器識而後文藝」。老師的血脈中，流動著古人忠厚正直，光風霽月的細胞。蘊於中而發之外，使數千年來的國士之風與俠骨之情，在二十世紀，煥發出嶄新的意義與光芒，精神感召，足以恢宏志士之氣！

民國七十八年徐瑜兄接掌青年日報副刊，邀我寫專欄，立刻想到師父出馬，器識固先於文藝，然若非訴諸文藝，則器識唯有藏諸名山而已。一年之後，《放眼天下》結集成書，先睹爲快，不亦快哉！信手拈取數則，卽可窺見一斑：

㈠讓我們看看「天縱英才」的周「總理」，在「總理」任內，施行了些什麼對國家、對人民有重大影響的政策。……反過來看大家認爲「儒弱保守」的俞國華院長，他在行政院長任期內有何建樹。〈俞院長與周「總理」〉

㈡公務員素質低落，實則由於八年抗日戰爭，民窮財盡，不得已採用低報酬所致。今經濟發展，國家財政日趨寬裕，實應及時改變低薪政策，把社會上一流的人才吸收到政府機構來。惟有

優秀的人才，纔能把國家建設爲現代化一流的國家。〈精英政治〉

㊂書教得好不好，不在於學生的稱揚，也不在乎同事的推譽，更不在乎主管機關的表彰，那完全在於自己的內心，如人飲水，冷暖自知。當我自己教完了一堂課，走下堂來，步履輕快的時候，已經可以問心無愧了！如果是垂頭喪氣，步履沈重，縱然學生沒有表示不滿，自己也應虛心檢討了。……讓學術研究與教學俱優的人，與不學無術的學界痞子共處一堂，無分軒輊，這樣的制度合理嗎？〈得獎感言〉

㊃既云學術交流，我們的學者參加過大陸的會議，同類型的學術會議，也可以在臺灣各大城市輪流舉行，邀請大陸學者前來參加。當他們接觸了臺灣經濟的富裕、政治的民主、社會的自由、言論的開放、建設的進步。百聞不如一見，這不是最好的宣傳嗎？〈談兩岸學術交流〉

《放眼天下》寫作期間，陳老師應聘香港浸會學院任客座教席。立足臺港，胸懷大陸，放眼天下，不但具有熱情與理想，達觀與宏識，更能從歷史眼光，針對現實作深刻的透視，掌握時代脈搏的躍動，諤諤直言，不啻爲滔滔濁世的清流。當這一道清流緩緩流過我們的心田，或躍然喜矣，或欣然樂矣，或悠然恬矣。念及「讀書知人」「獨樂樂不如眾樂樂」，又豈能不爲之雀躍而向讀者廣爲推介？

願世間有心人，都放眼天下；
是今生幸運事，莫錯過機緣！

自序

民國三十八年大陸撤守時，先君與家母携帶余兄弟三人倉皇隨軍入臺，舍妹時方五歲，年紀太小，未及携出。四十年來，海峽對峙，消息不通，先君與家母思念不已。近年政府開放探親，始通音訊。民國七十七年先君罹攝護腺癌，自知在世之日不久，因謀之於余，可否設法接妹來臺團聚。余得摯友香港浸會學院中文系主任左松超博士之助，受聘爲香港浸會學院中文系首席講師二年，乃得居間策應，接運舍妹來臺探病，團聚兩月，得了先君夙願。

在港兩年，初則有香港基本法的風風雨雨，繼則有八九民運的興起，造成六四屠城的震撼，一股家國興亡之感，緊緊地絹繫著全世界中國人的心。八九年底，東歐共產制度徹底崩潰，自由民主的浪潮，波濤洶湧，吞噬了整個東歐的共產黨。那種出乎意外的歡欣，更陪伴著幾分辛酸的期待。大陸與臺灣隔離四十年，社會制度迥然有別，人的價值觀念也大不相同。每與朋儔談及，大家都同樣感慨萬端。香港雖是英國人的殖民地，但其遵守法制的精神，社區規劃的井然有序，交通運輸的配合良好，民生物品的價廉物美，亦有許多地方值得借鏡的。在香港，看大陸，民主潮流一波三折，不免摧喪志士之氣；看臺灣，也政潮迭起，暗流洶湧，統獨之爭，纏鬭不已。本來充滿光明的前景，爲海內外中國人希望所寄的寶島，也被攪得煙霧騰騰，一片迷茫。看在眼裏，怎不令人心痛。顧亭林說：「國家興亡，匹夫有責」。我們一介書生，既不能執干戈以衛社稷，又不能立廟堂以獻替國是。則以我們的筆端，把我們的見聞表達出來，提供有治國之責的人參考，聊以盡國民一分子的責任，這就是「放眼天下」專欄文章寫作的緣起了。

由於思秉弟的吹噓，徐瑜兄的鼓勵，兩年來，搜集在這本集子的文章，終續由青年副刊載出來。先君在世之日，每見專欄刊出，都遠從臺灣致電香港，電告刊出，同時告訴同意我的觀點，勉勵多寫幾篇。並且說：「病中讀兒文章，乃餘生一大樂事。」爲了娛悅先君，實亦我寫作的一大鼓勵泉源。

自港返臺，先君已臥病住院，病床之上，猶殷殷叮囑要出單行本，以發揮更大的影響力。故侍病之暇，乃編排文稿，商請東大圖書公司排印出版，以達成先君心願。先君易簀之日，乃校稿殺青之時，奉呈稿本，先君含笑微領，然已不及細閱，故謹以此書呈獻告慰先君在天之靈。書成，松超兄、思秉弟各賜序文，特致謝忱。

中華民國八十年元月十日

陳新雄 序於臺北市鍥不舍齋

目次

俞院長與周「總理」

自去年冬來香港執教，不論跟香港本地人士，或者大陸來港人士接觸交談，他們的言語中，都流露出對中共前總理周恩來欽慕之情，甚至認爲是天縱英才，且對他的逝世，感到深深地惋惜。同一時期臺灣報刊以及香港親臺人士，則紛紛批評當時的行政院長俞國華，性格懦弱，施政保守，對目前臺灣的變局，常常表現出無力感，當然也透露出批評者的強烈不滿。

我比較了兩方面的言論，加以分析以後，覺得對俞院長的貶抑，對周「總理」的推崇，都是偏頗的，過分的，挾帶了太多個人的喜惡，是不公平的。首先讓我們看看「天縱英才」的周「總理」，在「總理」任內，施行了些什麼對國家、對人民有重大影響的政策。五七「反右」、五八「大躍進」，人多好辦事鼓勵生育，大鍋飯、人民公社，文化大革命，海外關係是反革命，階級鬪爭永遠搞下去等等禍國殃民的措施，都是在周恩來任「總理」時一一付諸設施的，雖然說這是獨夫毛澤東的主意，作爲一國的「總理」能辭其咎嗎？

反過來看大家認爲「懦弱保守」的俞國華院長，他在行政院長任期內有何建樹？開放大陸探親、開放報禁、開放黨禁，立法促使中央老民代退休，成立環保署，加強環境保護，成立勞委會，改善勞工福利，經濟自由化，貿易自由化，國民所得激增爲六千美元。雖然有些是蔣故總統經國先生的指示，但確實是俞院長一一付諸實施而獲致的成效。

我相信將來中國的歷史，論及「俞」「周」兩人的政績時，這樣顯明的對照，一定會給予他們公平的評價，禍國殃民與福國利民迥然不同的結果，不僅繫於行政首長個人才資的賢愚，更關係到政治制度的良窳。也就是說，制度優良，雖僅中等資質的行政首長，也能施行福國利民的政治；相反的，儘管是天縱英才，仍舊難以避免要執行禍國殃民的政策。

原載民國七十八年九月二十二日《青年副刊》

歷史是不可以竄改的

中華民族是最注重歷史的民族，一部《二十五史》，全世界的國家中，這是獨一無二的。中共政權鄧、李、楊殘暴集團，以機槍坦克殘殺北京人民，造成震撼寰宇的六四屠城之後，全球幾億雙眼睛，眼睜睜地看到一排排無辜的百姓，在一陣陣機槍掃射後，橫屍在長安大街的鏡頭。而竟敢睜眼說瞎話，說天安門未死一人；天安門廣場的地磚上，坦克車履帶明顯的痕跡，至今猶存，而竟敢說坦克車未曾開進天安門廣場！

中共總書記江澤民說：「謊話說上一千遍，就讓人相信它是眞理。」這正是共產黨徒慣說謊言的不打自招。但是我們有良知的中國人，一定要用我們的舌頭和筆端，把這段史實傳播下去，不容共產黨人竄改歷史，隻手遮蓋天下人的耳目。

我曾寫過一篇〈天安門行〉的史詩，就是要把民國七十八年，西元一九八九年四月十五日到六月四日這一段眞實的歷史，讓它傳播下去。現在抄錄於後，公之於我全國同胞，讓我們大家不要忘記天安門血淚史。

四月十五日天安門，千人萬人哀國魂。北京高校羣英出，借死刺生驚乾坤。
共產政權朽且老，貪污腐敗兼官倒。專權戀位鄧小平，昏庸一撮胡亂搞。
權貴子弟滿邦飛，尋常百姓生意微。通貨膨脹日三變，物價騰昂朝暮非。
天安門外風雷起，自由民主聲不已。靜坐吶喊復遊行，一心救國忘生死。
遊行猶未醒頑冥，三千絕食留丹青。感動工商百萬衆，視死如歸垂典型。
外交科學統戰部，工人總會齊動怒。誓爲後盾保學生，義不容辭髮盡豎。
西安廣州哈爾濱，成都武漢人咸嗔。香港百萬市民起，全球華人怒火焚。
屠夫李鵬政暴亂，極權陰魂終不散。戒嚴令下軍圍城，截兵奮勇殊浩歎。
白衣瀟灑民主神，鬢髮飄飄眞逸塵。十億人心同一願，瀰漫自由民主春。
李楊愚兵心術惡，軍來何事軍漠漠。禁絕不聞營外訊，但教屠城塡溝壑。
楊家走狗廿七軍，坦克機槍亂紛紛。可憐空拳人赤手，瞬間慘死古稀聞。
市民浴血跟離肘，肝腦塗地誰尸咎。前仆後繼散復來，浩氣長存眞不朽。
機槍掃射如蜂窩，鮮血匯聚流成河。坦克來回馳騁下，頭顱無數任碾磨。
嘉定三屠人人恨，揚州十日今猶忿。北京六四大屠城，異族兇殘無此狠。
夏桀商紂秦始皇，暴君誰堪比瘋狂。焚屍滅跡無人性，善良百姓咸遭殃。
良民枉死逾千萬，似猶未償獨夫願。緝捕令下到處搜，可憐同胞命如線。

自由民主思想開，志士仁人次第來。打倒極權除暴政，民不畏死誰能摧。
王丹柴玲封從德，吾爾開希俱正直。不畏強權斥暴君，全心全意救中國。
天翻地覆琢忠肝，播音無悖數李丹。一士維綸身是膽，十八坦克難動彈。
勇士成羣非一樣，青史當留勇士像。阻車神勇王維綸，今人何在心悽愴。
世人共覩血洗城，厚顏謊報無喪生。顚倒是非淆黑白，卑鄙無恥人人憎。
慣說謊言推袁木，軍頭張工亦奴僕。睜開眼睛說瞎話，驢鳴犬吠人頭畜。
鄧小平是殺人魔，神州萬戶鬼唱歌。錦繡河山非往日，人間地獄似森羅。
炎黃子孫十一億，人人憤怒動顏色。報仇雪恨記心頭，當揮羣策盡羣力。
人人齊心力無窮，剷除暴政氣如虹。滌除污腥民作主，天下爲公慶大同。

原載民國七十八年十月二十日《青年副刊》

長江變黃河

「我家江水初發源」，蘇東坡認爲長江是發源於四川的，「蜀江水碧蜀山青」，白居易描寫的長江頭的水，是多麼的碧綠可愛，不僅長江頭的水是澄清碧綠的，長江尾的水也是一樣青藍的，白居易的〈憶江南詞〉不是說嘛，「日出江花紅勝火，春來江水綠如藍。」幾千年來的長江，從頭到尾，江水都是澄澈碧綠的，直到中華人民共禍國成立以前，都是一樣的清麗，四十年來，我中華人民固然受盡了共產黨的禍害；我中華的土地也同樣受盡了共產黨的糟蹋。

今年夏天，四川大水，山泥崩塌，江水黃濁，簡直分不清到底是長江還是黃河。山泥的崩塌，洪水的災害，表面上看起來，好像是天然的災害，實際上仍是人爲的禍患。我從香港的電視畫面，仔細的觀察，凡是發生山崩的地方，都是樹木全無。沒有樹木，怎麼能夠涵養水土？所以水土的流失，完全是濫伐樹林的惡果。隨著長江洪峯的下移，華中武漢到江口崇明一帶，所見滔滔奔騰的長江，盡是又黃又濁的泥漿水，可見水土流失到了何種嚴重的地步！而竟仍沒有引起中共政權高層的重視，再過一年，外興安嶺的原始密林，就將砍伐殆盡了。

中共政權是一批地痞流氓，加上打家刼舍的土匪組合而成，以為馬上得天下，也可以馬上治天下，本身既無治國之能，又不尊重知識，不注重教育，摧殘知識份子，全國三分之一的人口成了文盲。這樣的一羣統治集團，除了本身的貪污腐敗，以權營私以外，怎麼會有治國之術呢？正因為如此，所以四十年來，把一個好好的中國，搞得面目全非，瘡痍滿目。現在中共政權吃的用的，全是幾千年來祖先累積起來的遺產，再讓它統治下去，不但遺產要吃光用光，恐怕後世子孫的產業，都要被這一羣貪婪之輩掏空了。

總結一句話，共產制度，是世界上最壞的政治制度，那個國家施行共產制度，就像一個人得了癌症一樣，如果不施行手術割除，是沒有希望的，是必然死亡的，共產主義的祖國蘇俄，東歐的波蘭、匈牙利，不都是在搞政經改革，開始施行割除手術了嗎？只有中共的老人集團，病入膏肓，堅拒手術，只有束手待斃了。

貧窮，並不是濫伐的因素，我們想一想，在民國三十八年以前，長江流域經過多少戰爭與饑荒，人民的生活多麼窮苦，同樣沒有柴燒，但為甚麼三十八年以前，這樣苦難的中國，還能保持長江江水的清藍呢？而中共統治四十年，卻成了黃濁的泥漿？惡劣的制度，公有制的弊端，不砍白不砍的心態。砍完了，反正不是我家的，誰又會去造林種樹，保護環境呢？所以長江變黃河，正是中共政權對中華大地造成最大的危害。

最後，我要提醒中華民國執政當局，當中國被開除了球籍，我們也不能再在寶島偏安，繼續維持經濟成長，享受小康的局面了。想想看，當臺灣海峽漂浮滿了掙扎於死亡線上的幾千萬饑民餓殍時，我們要怎麼辦？行文至此，眞要不寒而慄了。

原載民國七十八年十月二十一日《青年副刊》

誰搞兩個中國？

北京六四屠城以後，中共自總書記江澤民以下，紛紛指責我政府利用實質外交，搞「兩個中國」，或「一中一臺」，並謂對「祖國的統一」有一定的妨礙云云。於是中共的宣傳機器，像「新華社」、《人民日報》、《瞭望》等，就紛紛開足馬力傳聲宣播，嘟嚷不休。同一時期，未聞我政府當局作有力的駁斥。使我們這些在海外的國人，感到十分地不平，豈容中共顛倒是非，混淆黑白！

辛亥革命成功， 國父孫中山先生創立中華民國，這時中國只有一個，甚至北洋軍閥當政也不敢妄改國號，袁世凱洪憲稱帝，不旋踵而亡。自 國父創立迄今，我中華民國已經經歷了七十八春秋了。是誰搞出「中華人民共和國」的另一個「國」來的？是中共的大獨裁者毛澤東。古鶴翔先生〈四十年來家國恨〉一文說得好：「本來中華民國四個字，已經包含了人民共和國的全部意義，中共之更改國號，只由於封建思想，以及媚外心態，中共的國號，可說是文字垃圾，也是思想垃圾，又長又髒又臭！」一點都不錯。更重要的一點是，中共今日的當權者都曾經是中華民國的國民，叛離了自己的祖國，另搞一個與世界共黨一致的「共和國」，今天反振振有詞地指責我中華民國搞兩個中國。眞正是厚顏無恥，豈有此理！

民國二年，全國十七省代表集會於北京，商討以北京語音爲標準制定國語，作爲我中華民國國家共通的語言，國家共通使用的語言叫國語，這是多麼神聖莊嚴的名稱！但中共政權建立後，因共產黨的老祖宗列寧說過「蘇聯需要國語嗎？」的話，就嚇得趕緊改作「普通話」。國有國語，人有人話，豈可普普通通、馬馬虎虎！

中國文字，漢隸以後，眞書通行，一千多年來，無論雕版印刷，都十分統一一致。儘管方言有很大的差別，寫出來的文字，都是一樣的，大家都可以溝通相識的。中共政權成立後，大力推行簡體字，要截斷傳統文化的臍帶，使得大陸同胞使用的文字，與臺灣、港澳、歐美各地華人所使用的都大不相同，增加溝通瞭解的困難。近年，政府開放探親，臺灣同胞藉探親之便，設立工廠，增加生產。大陸簡體字親作「亲」、廠作「厂」、產作「产」。結果鬧出了一個笑話，廣泛地在海外流傳。就是「亲不見，厂空空，产不生。」

中華民國青天白日滿地紅的國旗，是　國父與先烈設計出來的最美麗的國旗，在光天化日之下，飄揚過祖國的每一寸土地，從極北的黑龍江，到極南的南沙羣島；從極東的臺灣，到極西的新疆。全國的同胞都曾向她致敬過。又是中共政權搞出一面見不得天日的五星旗，污腥了整個神州大地。誰在搞兩個中國，還用得著多說嗎？誰阻礙了祖國的統一，就更用不著多費唇舌了。

原載民國七十八年十月三十日《青年副刊》

擒賊先擒王，挽弓當挽強

從四月中開始的北京民主運動，震盪了香港每一個人的心靈，年齡不分老中青，思想不分左右中，大家都在注視螢光幕，大家都在聽廣播，北京天安門廣場的一舉一動，都在香港激起了波濤與漣漪。我有幸在這時候應聘來香港執教，親身體驗了時代的洪流，留下了許許多多的反思，至今仍久久不能平復。

當趙紫陽含淚與學生對話的時候，大家都以爲這次民主運動有了轉機。可是不旋踵間，就被李鵬楊尚昆的北京戒嚴，調兵鎭壓給毀滅了。於是羣情激憤，怒不可抑。我的學生紛紛圍攏來問我：「老師，要怎麼辦？」要怎麼辦？全世界的政治家都沒有人能回答的問題，我怎麼能夠回答！但看到學生震顫的雙手，憤激的表情，無助的眼神，我不忍讓他們得不到答案而失望，很自然地回答說：「上書中華民國李登輝總統請求出兵。」這時學生們的表情，就像溺在水裏抓住了一根木頭一樣的振奮。於是又紛紛請我擬稿，他們要拿去給同學簽名。學生們是多麼天眞可愛啊！

出兵，不是一件簡單的事，是要「愼謀」的，不可「輕率」的，但卻是學生惟一的希望。於是，天天來向我索稿，我沒有寫信，但爲了安撫學生的情緒，不讓他們灰心失望，在六四屠城後，我寫了一首〈北京屠城上李登輝總統〉的七言律詩，給我的學生看，並寄給李總統了。詩是這樣的：

四十年來家國恨，莫將臺北作南京。
忍看悽慘屠城役，不動絲毫拯溺情。
諸葛出師眞慷慨，放翁抒憤亦精誠。
弔民伐罪時難得，速整戈矛渡海征。

事件過了以後，我們眞是沒有辦法解民於水火嗎？那也不見得，自從共產祖國蘇聯的領導人戈巴契夫提倡改革以來，東歐的波蘭，團結工會已經執政了，匈牙利的共產黨已經改名了，就要實行多黨制了。這個影響是深遠的，我們應該協助戈氏的改革，讓他成功。因爲蘇聯改革的成功與否，不僅對蘇聯及東歐各國人民有切身關係，尤其當中國大陸局勢逆轉的情況下，對中國人民的利害關係，就顯得更爲突出了。

戈巴契夫領導下的蘇聯，已與史達林、布里茲涅夫時代的蘇聯意識形態完全不同了。當然，幫助蘇聯改革成功。不是我們國家力量所能及，但可與英、美等西方國家採取一致行動。首先，我們可以改變與蘇聯間接貿易的政策爲直接貿易，盡量增加交往，甚至我們的國際援助基金也可以提供部分貸款。如果蘇聯改革成功了，東歐共黨國家一定會像骨牌理論一樣，一個個地改革下去。這時候，中國共產黨還能頑固不化嗎？敬祈我政府當局「愼謀能斷」，劍及履及。迅速改變政策，爲我中華民族的前途作深遠的打算。古人說：「射人先射馬，擒賊先擒王。」值得執政當局深思熟慮的。

原載民國七十八年十月三十一日《青年副刊》

十億難民

楊洋事件，中共政權惱羞成怒，香港新華社副社長鄭華竟恬不知恥的說道：「我們有十億人，你們要多少？」講話的神氣，一副氣勢凌人的樣子，簡直不知人間有羞恥事。一個政權，統治了神州大地四十年，百分之九十的人民，都願意變成外逃的政治或者經濟難民，這個政權的統治基礎在那裏？除了剩下一批昏庸老朽、貪污腐敗的共產官僚外，還有誰願意活在共黨統治下遭受蹂躪？

我以前說共產黨政權是癌症，還不足以比喻共產黨之壞，癌症頂多自己死亡罷了，還不致影響到別人的生命安全。但共產政權自己弄不好，還要影響其他的國家。北越併吞了南越，來自越南的難民，尤其是北越，害得周圍的國家鷄犬不寧，頭痛不已。東亞的國家，北自日本，南到馬來西亞，無一不受越南難民的困擾，其中，以香港遭受的困擾最甚了。香港彈丸之地，已經擠滿了六百萬人口，還要接納無窮無休地蜂擁而來的難民，目前難民的人數，已達總人口的百分之一了，而仍無截止的現象。一個大鴨洲，接納了五、六千越南難民，港府除派專人供應糧食外，島上的牛羣已被宰殺乾淨。周圍海域的養殖魚場，也被洗刼一空，大吃大喝之外，更製造污染環境的大批垃圾，散發傳染病霍亂。而越南共黨政權卻藉收回難民爲口實，大敲港英政府的竹槓。如果不給錢，它就拒絕收回，還大言不慚地侈言人道主義。一個政權連自己國家的人民都不要，還高唱人道主義，從來就沒有過這樣卑鄙無恥的國家與政權。

越南是如此，再看看遠在歐洲的東德，光是最近一個月，就已經有七、八萬人從捷克、波蘭、匈牙利各方面，像潮水般的湧入西德。將來還不知道有多少人要逃離共黨統治下的東德呢？

安土重遷，是我中華民族的民族特性，留戀自己的家園，不輕易遷徙到外地，所謂「親不親，故鄉人；美不美，故鄉水。」就是因爲難捨故鄉的情誼，民國三十八年大撤退的時候，不知有多少爲此而淪陷在大陸，受盡了共產黨的迫害摧殘，甚至犧牲性命了。

自中共竊據大陸，奪得政權以後，四十年來，一場緊接一場的運動，一幕緊接一幕的鬪爭，先有毫無人性的文化大革命，現在更是充分獸性的六四大屠城。共產黨非特不是它自吹自擂的救星，已經成了道道地地的民族大災星。這四十年來，多少家園殘破，骨肉流離。向外逃亡，無日沒有。五月逃亡潮，記憶猶新。現在又一船船的大陸同胞，冒著風波的險惡，假扮越南難民，蜂擁地奔向東瀛三島。中共當局還在這時候放出「十億難民」的恫嚇言辭，眞的十億難民湧向海外，恐怕全世界俱無寧日。這個害人害己的政權，遠比癌症可怕，應該以世紀絕症——愛滋病才足以形容它的可怕了。

原載民國七十八年十一月十七日《青年副刊》

兩岸的地震

太平洋兩岸在幾天之內，分別發生了大地震。西岸的地震發生在十月十七日，地點是美國加州的舊金山地區，強度是黎克特制的六點九級，初步統計，導致二百七十餘人罹難，傷者逾千，而以奧克蘭公路崩塌造成的傷亡，最爲嚴重。財物的損失，估計將達二十億美元。

過了三日，十月十九日，太平洋東岸的中國大陸河北山西兩省的交界處，強度也達黎克特制的六級。初步統計死亡三十餘人，傷者數百人，房屋倒塌近萬棟。財物損失一時尙難以估計。

從地震的強度與災情來看，美國加州自較華北爲嚴重，尤其是奧克蘭公路上的雙層港灣大橋，上層多處崩塌跌落與下層重疊，數百輛汽車幾無一生還。這條大橋，我曾於一九七六年暢遊一番，當時感於其氣勢雄偉，誰料得到，一震之下，竟然柔腸寸斷。

舊金山地區的震災雖然厲害，但美國政府的反應也相當迅速，除立即由舊金山市政府，加州州政府，聯邦政府派出人員與物資緊急搶救支援外，正在歐洲訪問的州長，立即兼程趕返，副總統奎爾飛往慰問，總統布希也隨即趕往視察，聯邦政府立即宣布撥用二十五億美金作爲救災重建的費用，而美國人民見義勇爲，救死扶傷，席不暇暖，自願捐血者大排長龍，華裔社會也自動煮食供餐，以濟災黎，發揮人性最高的美德。

華北的震災雖沒有舊金山強烈，但山西黃土高原那些破敗的泥土磚屋與殘破窰洞，加上露天而宿的災民，鶉衣垢面，在朔風凜冽下無依無奈下的悽涼景象，看了更令人心酸出涕。而中共政權對華北震災的反應，表現尤其冷漠，僅出動基層幹部救援，而一般人民，久處窮困，自顧不暇，怎麼能夠與美國人民的義勇相比！最無恥的是，中南海的要員，竟圍爐不動。連個部長級的人員也沒派往災區視察，至於整個救濟與重建計畫，更是連邊都搭不上了。

這次美國舊金山地震強度，與去年十二月蘇聯亞美尼亞地震的強度，都是黎克特制的六點九級，但是地震造成的損害卻大不相同了。在亞美尼亞造成二萬五千人死亡，整個市鎮被夷爲平地。相對說來，舊金山的震災就輕微多了。由此可知，防震的建築技術，能減少生命財產的損失至最低限度。

臺灣也是著名的地震帶之一，我政府當局除關懷救助美西華北的震災，慰問受災的人民外。更重要的措施應積極研究房屋、橋樑、道路、水庫等防震科技的提升，已有的建築，尤須作防震工程的補強。像以往中興大橋的不震而斷，建國高架道路的一再崩塌，不是由於建築材料的不良，就是建築技術的欠佳。今後，無論公共工程或私人建築，都要力保品質的優良，加強防震的建築技術，在許多防震的措施中，筆者認爲澄清吏治，消滅貪污，杜絕回扣需索，根除偷工減料，乃是目前最刻不容緩的。災害的發生，預防勝於補救；災害的幅度，輕微勝於嚴重，希望以民爲重的大有爲政府立刻劍及履及著手進行。

原載民國七十八年十一月十八日《青年副刊》

海峽兩岸中國人的強烈願望是什麼？

當我中華民國政府與西非古國賴比瑞亞宣佈恢復邦交後，中共喉舌《人民日報》發表評論說，凡是導致「兩個中國」或「一中一臺」的局面，都是對中國主權的嚴重侵犯，也是海峽兩岸中國人民所堅決反對的。

評論又針對我中華民國的「彈性外交」說，中華民國當局這種作法，顯然無視海峽兩岸中國人民要求和平統一祖國的強烈願望。企圖謀求臺灣在國際上被承認爲獨立的政治實體，從而製造事實上的「兩個中國」或「一中一臺」，臺灣當局這種拋棄民族大義，破壞祖國統一的分裂行徑，爲所有海內外中國人所不齒。

中共現在的鄧李楊政權，既不能代表大陸十一億的人民，甚至也不能代表大陸四千多萬共產黨員，只能代表一批老朽昏庸、專制極權、貪污腐敗、自私自利、卑鄙無恥的封建小集團。因此作爲它的喉舌的《人民日報》，也只能代表這一小撮中南海的老朽，何能談得上海峽兩岸中國人民的願望。

海內外中國人所最不齒的，就是鄧李楊殘暴集團以坦克機槍鎭壓和平靜坐赤手空拳的愛國學生和民眾，大陸北京百萬人民示威遊行外，北至哈爾濱，南抵廣州，東起上海，西迄西安、成都，全國各大城市，風起雲湧，遊行示威不斷，民主自由的呼聲響徹雲霄。香港、臺灣、東京、舊金山、洛杉磯、芝加哥、紐約、華盛頓、多倫多、倫敦、巴黎等城市的華人，紛紛走上街頭，全球華人同一心願，皆不齒鄧李楊殘暴集團的屠殺行爲。

由此可知，不僅海峽兩岸的中國人民，幾乎全球的中國人，他們心中最強烈的願望就是鏟除鄧李楊殘暴集團，要爲全體中國人建立民主制度，爭取自由生活，使人權得到尊重，不再受人剝削奴役，徹底擺脫奴隸的生涯，免除恐懼的自由。這才是全體中國人民的強烈願望。那一小撮昏庸老朽的傳聲筒，不要再恬不知恥地說道海峽兩岸的中國人民了。

統一，是中國人民的願望，但目前當務之急，卻是建立民主自由的國家，尊重人權法治的社會，享受安和樂利的生活。假如大陸的中國人民國民所得，也像臺灣、香港一樣的富裕，大陸人民的言論與行動，也像臺灣、香港一樣的自由。那就根本不要「一國兩制」的幌子，很自然的就會統一起來了。不但臺灣、香港願意統一，西藏也不至於再鬧獨立，甚至外蒙古還要求回歸呢！統一是要統一在民主自由的制度下，統一在尊重人權法治的社會中，統一在安和樂利的生活裏，統一在均富平等的環境內。這才是全世界中國人民的願望。現在最強烈的願望，就是鏟除阻礙上述願望實現的鄧李楊殘暴集團。

原載民國七十八年十一月二十二日《青年副刊》

可愛的香港，可愛的國旗

香港，這顆東方熠耀的明珠，自從提出一九九七的大限後，搞得人心惶惶，移民四方，顯現對中共政權大失信心。一九八二年時，中共國務院總理趙紫陽對著香港記者問：「你們怕甚麼？」怕甚麼？可怕的事情太多了。記者礙於顏面，不便直說，也難以數說得清楚。自北京六四屠城後，趙紫陽自己都可以回答怕甚麼了。

香港的可愛，在於它享有充分自由，在於它嚴格執守法律，在於它充分尊重人權，在於它高度行政效率，在於它社會安定和諧，在於它貨品價廉物美，在於它謀取生活容易……。有這麼多可愛的好處，一旦淪入共黨政權手中，都變成灰飛煙滅，那還不可怕啊！

香港人有獨立思考的頭腦，有辨別是非的能力，有自由表達的方式，有不受強迫壓制的社會，甚麼是好？甚麼是壞？甚麼是對？甚麼是錯？他們分辨得清清楚楚。北京的民主運動興起後，香港人爲了對國家民族的熱愛，對自己前途的關心。香港人大力支援，學聯會，支聯會紛紛動員，一百萬人，一百五十萬人的大遊行，一千四百萬港元的捐款，怒憤塡膺，熱淚交流，充分表達了對國族前途的關切，但又井然有序，自動自發，毫不紊亂，這是多麼可愛的情操。

六四屠城以後，香港人對中共政權徹底失望，全面唾棄。十月一日中共的「僞慶」，全香港除中共官方的新華社外，沒有一幅僞國旗。相反的，卻出現了許許多多的黑底白星的污腥旗。大大小小的團體高舉著「國殤日」的標語，到中共新華社舉行酒會的場外示威，唾罵參加的人員；或到維多麗亞公園靜坐反思，或到新華社門外哀悼北京死難的同胞。

十月十日，我中華民國七十八年的雙十國慶，這一日，我一大早就搭乘公共汽車，從住地沙田出發，坐在雙層巴士的頂層前座，視界良好。沙田頭的牌坊，　國父孫中山先生的彩色巨像，週圍插滿了青天白日滿地紅的國旗，在艷陽下迎風招展，眞是美麗極了。然後一路看下去，樂富村的行人道的鐵欄杆上，五步一旗，既整齊，又鮮艷；幾座屋村裏更飄揚幾幅巨大的國旗，十分雄偉。一路下去，換了幾路公車，所到的地方，像藍田邨李鄭屋村、石峽尾村等，旗數更多，幾乎形成一片旗海，還有很多地方，我實在叫不出名字，也都是國旗飄揚，迎風招展。這裏，我要特別指出，九龍市區最熱鬧的彌敦道，這條南北貫通的大動脈，中間分隔島的鐵欄杆上，每逢十字路口，兩端都插滿了鮮麗的國旗，如果碰上中共駐港機構，像中華書局、中僑公司，那國旗就更多了。可惜彌敦道與亞皆老街一帶的旺角區，被旺角警署以阻礙交通爲由，撤除了二三百面國旗，不然就更爲壯觀了。我所見所到的只是九龍區，從第二天的香港報紙得知，在港島與新界也是一樣的一片旗海。從這裏，可知海外華僑人心的向背了。

最後，我要提醒我中華民國各界，中共的失敗，並不完全等於我們的成功。無論執政的國民黨也好，在野的民進黨也好，只有緊密的團結在青天白日滿地紅的旗幟下，向民主自由的大道邁進，我們才會贏得全球華人的向心力，才能獲得最後的勝利。

原載民國七十八年十一月二十六日《青年副刊》

井水不犯河水

北京六四屠城以後，受到舉世的譴責，北京政權一概指爲干涉「中國」內政。「民主中國陣線」在巴黎舉行成立大會，北京外交部向法國政府抗議干涉中國內政；西藏流亡政府領袖達賴喇嘛，獲挪威諾貝爾委員會頒授和平獎，北京政權馬上作出反應，指斥「干涉內政」、「傷害中國人的感情」云云。總之，只要西方國家政府指責北京屠殺，漠視人權，它就搬出「干涉內政」作爲擋箭牌。

因爲鄧總舵主提出「一國兩制」在先，所以對於香港、臺灣的指責，既然是一國之內，自然不便說是干涉內政了。於是中共總書記江澤民就提出「井水不犯河水」的怪論，從來井水就是不犯河水，只有河水屢犯井水。把香港比作井水，大陸當作河水。江澤民的意思是說，你們香港人搞你們的資本主義，不要干涉大陸的社會主義。所以，屠城殺人是我社會主義的事，你們香港人又何必喋喋不休，批評不已。

不過「一國兩制」既是中共總舵主提出來的，又是「前所未有的偉大構想」，而且還恩准香港五十年實行資本主義制度不變。既然香港實行資本主義，那就自然非反對共產主義與共產黨不可，否則，若香港讓共產黨得勢，它的資本制度，豈非要灰飛煙滅！

所以，一個資本主義社會，先天上就注定要反共產主義。資本主義實行得愈徹底，反對共產黨的情緒就益高漲，言論就益激烈。於是，中共發話了，透過大小不同的共產黨徒說道，九七以後，絕對不容許香港成為反共堡壘，作為顛覆社會主義中國的基地。不論堡壘也好，基地也好，香港施行資本主義，如果不反共黨，不反社會主義，那還叫甚麼「一國兩制」！

不准這個，不准那個，河水頻頻要淹沒井水。更荒唐透頂的是，施行「一國兩制」的香港，要制定基本法，而起草基本法的草委，大陸上老朽昏庸的共產黨員竟佔了總數一半以上，以共產黨員起草資本主義社會的基本法，這必然產生出一個非驢非馬的怪胎。看看那個冒充學者的草委主任蕭蔚雲，張著厚重嘴脣的血盆大口，指東畫西，胡說白道一通，那裏有絲毫民主的風度。難怪六百萬港人對這怪胎的基本法，大家都不屑一顧了。

對我中華民國政府所在地的臺灣，中共儼然擺出一副宗主國的架勢，我們要參加國際貿協，要得它的恩准；我們要衝破國際孤立局面，它就指你搞「兩個中國」或「一中一臺」。其實，當我中華民國成立的時候，中國共產黨連影子都沒有？它憑甚麼頤指氣使的，要我們做這個，要我們做那個。屠夫李鵬還公然宣佈，他們對臺灣仍不排除使用武力。

因此，所謂井水不犯河水，就是香港、臺灣不得干涉中共政權的社會主義，不得批評中共政權的倒行逆施。「一國兩制」就是它可以指使你，你不得評論它。了解中共領導人的眞意，香港與臺灣的人民，自然就識所依違了。

原載民國七十八年十二月九日《青年副刊》

連戰連捷

自中共政權倒行逆施的六四屠城以後，受到西方主要民主國家的制裁，已經很明顯地陷入孤立境地。同時，我國政府則在「彈性外交」與「實質外交」的靈活運用下，呈現出一片否極泰來的新氣象，這是國家擺脫外交孤立的轉捩點，使斷交部的醜名，重新換上名副其實的外交部金字招牌。我們這些在海外的中國人，看到外交當局的新氣象，總掩抑不住內心的喜悅。

得道多助，失道寡助。這是中華五千年史累積的經驗，外交既是內政的延長，自然內政的良窳，會顯現出外交的得失。由於我們國內的政治改革、開放黨禁、開放報禁、開放探親……等一連串的措施，已使我中華民國納入全世界的民主潮流之中；相反的，中共政權中的頑固老人，爲了維持其既得利益，不惜以百姓爲芻狗，施行血腥鎮壓，反民主潮流而倒行逆施，凡有人性良知的政府，都會知所選擇的。

四十年來的經濟建設，不但使我國躋身於亞洲四小龍，而七百四十多億美元的外匯儲備，更使我國一躍爲世界第二的富裕地位。這也正是推動實在外交的最大資本，與中共的負債四百億美元，正好形成強烈的對照。政治的優劣既如彼，經濟的貧富又如此，中共政權雖然在國際上盡量地孤立我們，但時異勢移，它已無能爲力，只有眼睜睜地徒喚奈何了。

六四屠城以後，我國與中美洲島國格瑞納達首先建交，敲響了中共斷交的第一響喪鐘。接著，西非賴比瑞亞跟着與我恢復邦交，中共喪鐘第二響又響起了。不久，中美洲的貝瑞斯又緊跟著與我國建交，第三響又已響起。這就像骨牌理論，一塊影響一塊，我相信，由於三瑞臨門，必然還有更多的國家會跟我們建交或復交。寫到這裏，忍不住爲我國外交部自連部長以下的工作人員鼓掌喝采。這就像春雷已動，萬物自然欣欣向榮了。

也許有人說，跟我們建交的，都是些小國，那又何足沾沾自喜！話不是這麼說。這是形勢逆轉的關鍵，在此以前只有跟我們斷交與中共建交的國家，在此之後才有跟中共斷交與我們建交的國家，千萬莫以國小而不交，何況冰山的融解也是從細小的一角開始的。眞要感謝外交部的努力，讓我們在海外的遊子，感到特別的鼓舞。外交就是戰場，一戰格瑞納達，再戰賴比瑞亞，三戰貝瑞斯。希望以後更能連戰連捷，捷報頻傳，讓我們徹底擺脫孤立的困境。

原載民國七十八年十二月十二日《青年副刊》

盲流

宋神宗熙寧六年秋七月，至熙寧七年春三月，天氣亢旱，麥苗焦枯，蝗害大作，京東河北，民無生意。當地人民乘著這年東北的荒歉，流民在風沙撲面的時候，紛紛湧向京師，當時的汴京，今日的開封，竟途爲之塞。其時京師安上門監鄭俠，就把這些流民的情形，繪了一幅流民圖，只見一個個的流民都是鳩形鵠面，鶉衣百結，婦哭兒啼，流離失所。鄭俠把這幅流民圖跟他的奏疏一齊上呈神宗皇帝。奏疏上說：

願陛下取有司掊克不道之政，一切罷去，冀延萬姓垂死之命。今臺諫（當時的監察委員）緘默充位，左右輔弼又貪猥近利，如陛下行臣之言，十日不雨，乞斬臣首以正欺君之罪。

疏奏，神宗皇帝反覆觀圖，長吁短歎，寢不能寐。翌日命停罷新法十八事，下詔責躬，民間歡呼相賀，越三日，大雨滂沱，遠近霑洽。

流民實在只是一種現象，產生這種現象的根本原因是執政者的施政乖張，掊克於民，使民不聊生，一有水旱之災，自然就易產生大批的流民，離鄉背井，湧向他方。還不是爲謀取生活，爭取生存罷了。

綜觀歷史上流民的產生，多由於苛暴之政的結果。西漢末王莽奮其威詐，毒流諸夏，亂延蠻貊，以逞其私欲。以致四海囂然，喪其樂生之心，流離失所之民，遂聚爲新市、平林、赤眉之亂。東漢之末，桓靈殘賊，乃有黃巾之亂。唐代黃巢之流竄，則由於德宗之苛刻猜疑，好兵斂財，致使生靈塗炭，遂鋌而走險。明朝之亡，更是由於上下交征利，田賦之外，另有各式各樣的捐獻、攤派，於是民不樂生，鋌而走險，乃更壯大了流寇聲勢，李自成也好，張獻忠也好，都是明朝自己的暴政迫民爲亂的。所以，歷史上凡有流民的發生，往往是國亡的前兆。

今年春節以後，僅廣州一地，就聚集了從豫、皖、川、鄂、湘、贛各省而來的流民達數百萬。中共當局不稱流民而稱盲流。這是中共當局推卸責任的說法，把責任推給流離失所的人民，說他們盲目流動。我中華民族的民族特性本來是安土重遷，要是不到無以謀生的境地，是怎麼也不想離開自己的鄉土的。民國三十八年大陸撤退的時候，就不知道有多少同胞，因爲捨不得離開自己的家鄉，一念之差而留了下來，最後遭受中共的清算鬥爭，身心兩方面都遭受莫大的迫害，乃至於丟掉了性命。

如前所說，流民的產生，乃暴政橫征暴斂的結果，中共統治下的大陸，所以有這麼多的流民，也逃不出這條歷史的鐵則。大陸農民豐收的時候，中共當局財政困難，無錢搜購農民的糧食，乃以白條子作抵押，終年辛勞的農民，換來的竟是一張廢紙，你讓他何以爲生呢？六四屠城之後，受到國際上的制裁，各類貸款都一概停止。中共爲了斂財濟急，現在首先推出攤購政府債券這一招。所有私人企業每月必須攤購二百元至一千元人民幣，國營企業的工人也被扣去半個月的工資承購債券。這種倒行逆施的作法，跟亡明的硬性攤派，不是如出一轍嗎？當大陸天怒人怨的時候，我大有爲政府有沒有計畫怎麼去善後？

原載民國七十八年十二月十三日《青年副刊》

執法從嚴

韓非子說：「國無常強無常弱，法強則國常強，法弱則國常弱。」法的強弱，並不在於嚴刑重罰，而在於執法從嚴，違法必罰。我中華民國政府在臺閩地區，無論是經濟、政治、教育各方面都突飛猛進，爲世人所稱道，但執法的鬆弛，人民對法律的漠視，則非但未有進步，而且有每下愈況之感！

如果法律不能切實執行，就乾脆不要訂定這條法例。譬如，我們常常在臺北市的主要道路的行車線上，看到嚴禁機車行駛的禁令，禁儘管禁，機車照樣在這些行車線上行駛，最少，我個人在臺北住了三十幾年，就從沒看到一輛違禁行駛的機車被取締過。有法而不執行，犯法而不受處分，這會造成非常惡劣的影響。讓我們的人民常年累月的漠視法禁，視法律爲無物，日久翫生，最後變成無法無天的社會。

違章建築，亂停汽車，亂丟垃圾，這些違法的現象，都是法律失掉尊嚴的後果，當老百姓對法律已經不再信任，甚至於鄙視的時候，這個社會多麼可怕，人民的生命財產都失掉安全保障。

執行法律，首重防微杜漸，也就是說，凡有違法事件發生，一定要在發生之初，卽予以消弭。

舉例來說，像火車站地下道的攤販，當第一個擺設的人，一擺下攤位，執勤的警員，就應該立刻取締。等到整個人行道都擺滿了攤位，這就養癰爲患了。因爲人多勢眾，再行取締，就倍加吃力了。路邊違規停車亦復如此，當整條街出現第一輛違規停車的車輛，就立刻拖吊離開，其他車輛自然不敢再違規亂停了。否則的話，滿條街都停滿了違規的車子，那就拖不勝拖、罰不勝罰了。地下投資公司更是如此，當出現第一家投資公司、做第一檔非法吸收游資的時候，就應立刻取締。等到像雨後春筍一般地設立，牽涉到的社會大眾幾十萬人，甚至上百萬人，這已經構成社會問題了，再來取締，一處理不愼，不但會引起羣眾抗議，而且也影響政府的威望。

執行法律，不但要防微杜漸，而且也要持之有恆，讓人民心理上有犯法必罰的準備，就不會輕易冒犯法禁。我曾經到過韓國，當飛機飛臨漢城市的金浦機場上空時，我特別留意高樓大廈的屋頂，沒有看到像臺北那種簡陋的屋頂違章建築；香港高樓大厦林立，也沒有臺北市那種醜陋的違建。漢城、香港的市民特別守法嗎？不是的，是政府當局嚴於執法，持之以恆，只要犯了，就會得到應得的處罰。香港的獅子山隧道，是新界到九龍的主要交通孔道，上下班的時候，塞車的嚴重，較之臺北市的建國南北路，有過之而無不及，在往九龍的方向，特闢了一條巴士專用線，在上下班時間內，只有巴士才能行駛，儘管路面很空暢，而其他各線卻塞滿了各式車輛，可是也沒有任何非巴士的車輛敢試圖行走此線，因爲只要一進入此線，就有警察抄牌送罰單，罰而必行，自然大家都遵守交通規則了。

杜漸防微，執法者才不會引誘人民犯法；處罰必行，執法者才能減少或禁絕人民犯法。治大國若烹小鮮，有治國之責的執政當局以爲何如呢？

原載民國七十八年十二月十六日《青年副刊》

長征什麼？

孟子說：「湯一征，自葛始。」湯爲什麼征葛？根據孟子的說法，湯居於亳，與葛爲鄰。葛伯放縱無道，不祀先祖。湯派人問葛伯：「爲甚麼不祭祀先祖？」葛伯回答說：「沒有牛羊可供犧牲（祭品）。」原來古代一場祭祀，要用很多供品，像臺灣的大拜拜一樣。葛伯很窮，負擔不起，所以就這麼回答。於是湯派人送牛羊給葛伯，葛伯把湯送來的牛羊宰殺吃掉，又不祭祀。湯再派人責問他：「爲甚麼還不祭先祖？」葛伯回答說：「我們連飯都沒得吃。」湯便派亳地的壯丁替葛伯耕田，老弱則替耕田的人送飯。湯這樣全心全意幫助葛伯，葛伯竟不識好歹，還派人半途攔截送飯的人，搶奪他們的酒食，如果不給，就把送飯的人殺掉。最殘酷的是，有一個小孩童擔任送飯食的工作，葛伯派人搶奪了孩童的飯食不算，竟把這個孩童給殺害了。葛伯仇餉，湯大爲震怒，率軍征葛，所以湯出征的目標是不仁的葛伯。

《詩經．豳風．東山》的小序說：「東山，周公東征也。」周公爲什麼要東征？根據《尚書》的記載，周武王崩，成王即位，年齡尚幼，周公輔政。管叔蔡叔造謠傳播於國內說：「周公將不利於幼主。」並且聯合紂子武庚與淮夷叛亂。周公不得已，乃親自率軍東征，那麼，周公東征的目標就是叛亂集團的武庚與管蔡二叔了。

所以，歷史上的征伐都是堂堂正正之旗的，而且也都有一個被征伐的目標。中共政權把共產黨被五次圍剿後的長途逃竄，大吹大擂地說成「二萬五千里長征！」那麼它長征什麼？目標何在？其實那只不過是被國軍打得落花流水抱頭鼠竄地逃命而已。最後被趕到陝北不毛之地的延安苟延殘喘罷了。還有什麼可征的？明明是逃竄，在得了政權以後，為了面子，就不得不虛偽地說成長征了。

從這裏可知，中共政權的本質就是一個說謊集團，只要看看毛澤東的女兒不姓毛而姓李，其他共幹也多用假名，就正如鄧小平說的「虛假的成份多了。」因為共產黨在沒有奪得政權之前，專門行使鬼蜮伎倆，做些不可告人的勾當，再利用一些無恥的文人，混淆社會甚至國際的視聽，蒙蔽世人耳目。這些事，當然見不得天日的，它怎麼敢公開承認呢？五十歲以上的中國人，沒有人不知道抗日戰爭，是 蔣委員長領導全國軍民經過八年的艱苦浴血，才獲致戰爭的最後勝利，而恬不知恥的中共政權卻顛倒黑白，把抗戰的勝利說成共產黨的領導。竄改歷史，欺騙同胞，居心可誅。

原載民國七十八年十二月十七日《青年副刊》

柏林拆牆

記得六月四日北京屠城以後，全世界的國家一片譴責中共殘暴聲中，只有東德的霍納克，致電北京，表示支持。正在美洲訪問的中共外長錢其琛落荒而逃，最後借道東德，才能歇腳逃歸。曾幾何時！爭取民主自由的浪潮，終於由北京衝向東歐，波蘭、匈牙利捨棄了共產極權統治，東德的霍納克猶尚負嵎頑抗，與中共頑固派的姚依林又擁又抱，但是潮流的勢頭，又豈是這兩個老朽所能抵擋得住！不久，霍納克就被洶湧的巨浪吞噬了。

十一月十一日的清晨，分隔兩個世界的柏林圍牆終被拆毀了。晚上從香港電視新聞畫面，看到那些沸騰的東德青年，拿了碗口大的木柱，一下一下地撞向圍牆；年紀大的人，拿了榔頭鑿子，拚命的錘鑿；再加上東德政府的怪手挖土機。這道圍牆，終於在官民合力下，挖開了好幾個出口，東德人蜂擁的湧向西柏林，西柏林的少女向東德守衛獻花，東西德的人民互相歡呼擁抱，看得我熱淚盈眶，感觸良多。塡了一首〈醉落魄詞〉，以抒發當時的感想。詞曰：

層雲出月。
自由聲浪如潮發。
辱牆終拆將難合。
德國東西，歡渡重逢節。
血染京城行路滑。
胸懷民主無從說。
神州憂患何時歇。
八老齊休，馬列長相別。

珠海大學梁永燊校長，香港大學陳耀南教授，香港中文大學黃維樑教授看了我這首詞，大家對「八老齊休，馬列長相別」都有同感。是的，海峽兩岸的中國人，圍牆在那裏？那道無形的圍牆，就建築在中共政權的四個堅持上，妨害中國人統一的障礙，正是中共的四個堅持，這已是海內海外的中國人共同的認識。

北京中南海的一小撮中共頭頭，尤其是鄧小平以下的八個昏庸腐朽的老人，打著爲人民服務的招牌，盡做些騎在人民頭上，壓榨人民，殘害人民的勾當。這八個老朽不死，神州大陸的災難永遠難消，大陸人民的苦難永無盡頭。這批老朽，只顧自己掌握政權，以權營私，心已橫了，那裏還顧人民的願望，人民的死活，民族的前途。因爲已經卑鄙無恥到了極點。看看鄧老朽，竟誇誇其談的說自己只是個普通公民，普通公民卻可在最莊嚴的人民大會堂會見外賓，接見部屬，這成甚麼體統，可以說恬不知恥透了。

報載在美國的陳香梅女士要籌組率領「臺灣工商界中國大陸投資考察訪問團」，預定下月成行，由臺灣經香港前往大陸。在舉世堅決實行經濟制裁中共的時候，中共的經濟正在雪加上霜的時候，中南海的老人政權搖搖欲墜的時候。我們這個反共堡壘的臺灣工商界卻要雪中送炭，延長殘民以逞的政權壽命？這種怪事，眞讓人百思不得其解！希望經濟部陳履安部長不要只是不鼓勵、不贊成就算了，對這種資敵行爲要嚴予禁止才是。

同一天的報紙，又載我政府爲促進與東歐關係，放寬入境簽證手續，卻未包括蘇聯！總覺得政府對紛變的世界，應變的措施過於遲鈍。沒有蘇聯戈巴契夫的敦促，東德霍納克怎會下臺！柏林圍牆怎會拆掉！我們要催煽大陸的民主自由思潮再度興起、大陸政治體制的徹底改革，蘇聯的民主改革，正是我們可以利用的一步好棋。質之執政當局以爲然否？

原載民國七十八年十二月二十日《青年副刊》

千秋正氣

香港《星島日報》〈星辰專欄〉，〈金山客語〉的羅子先生，最近連續寫了兩篇，標題是〈感恩心情〉。羅子先生在〈感恩心情〉裏的一段話，讀了以後，眞與我心有戚戚焉。現在抄錄於後：

離開臺灣在外面飄泊了十九年，我忘不了在香港困苦掙扎的日子，懷念在臺灣日漸轉好的生活，我感激兩地政府給我奮鬪的環境，給我努力的機會，因此到了海外，絕不醜化自己曾經安身立命的臺灣，絕不攻擊比共產政權好得太多的國府。相反地，爲了維護臺灣的形象，國府的地位，我與那些「忘恩負義」或者「恩將仇報」的所謂知識分子辯論、爭吵甚至大打出手。

我不認識羅子先生，也不知道這是他的眞實姓名還是筆名。這都不打緊，重要的是代表有良心的中國知識分子的心聲，明辨是非，嫉惡如仇的剛正氣節，明末顧炎武先生感於嗣母王貞孝彌留時「無爲異國臣子」的遺言，他一生注重氣節，堅持民族大義。提出「士大夫之無恥，是爲國恥」的名言。羅子先生對於無恥的知識分子，不留餘地的抨擊，不也正是顧亭林先生注重氣節的表現嗎？

在羅子先生的專欄中，對兩種人抨擊最爲厲害。一類是在三十年代爲中共張目，搖旗吶喊的左傾知識分子，不管他們後來遭遇中共怎樣的凌辱，他對這批人士絕不手下留情。何家驊先生在《明報月刊》發表的一篇文章，〈國民黨怎樣失去大陸？〉認爲國民黨失敗的主因是宣傳戰失敗。因爲「三十年代作家沒有人不左傾。」當時的宣傳陣地完全被左派佔領。勝利後的學生反政府運動，也是由這一條線索引起，不但擾亂了都市的人心，也影響了美國人的觀點。認爲共產黨是土地改革者，一旦當政必然勝過國民黨，這都是受了左派宣傳的影響。像茅盾、巴金、千家駒之流都是這一類的左派知識分子。現在居然有人要將巴金、千家駒之類的人接來臺灣，讓他們來看看固無可厚非，若讓他們定居下來，則期期以爲不可。

另一類人是在臺灣受了高等教育，跑到海外專門醜化我政府，惡毒攻擊，無所不用其極，把政府形容得一無是處。而對殘酷屠城、禍害國家民族的中共政權，卻從不加以嚴厲指責，縱有非議，也是溫和謙恭。與攻擊我政府的凌厲攻勢，簡直不能相提並論。還有一類人，生在臺灣，長在臺灣，受最好的教育，得最高的學位，有豐裕的家產，良好的事業，卻日以批評執政黨政府爲事，好像政府虧欠他甚麼！曾不反思，他有今天的地位，不正是國民黨執政的結果嗎？現正當立法委員、縣市長、省市議員改選的時候，這類言論必定盛行，可是批評政府的人有沒有想一想，不是國民黨保住了臺灣，若被共產黨佔領了，還有你們置喙的餘地嗎？

羅子先生雖身在海外，但心繫國家，以春秋大義，對上列幾類無恥的知識分子，口誅筆伐，不遺餘力，盡了讀書人的良心，爲千秋留下正氣。謹以同文的立場，表示個人的敬意。

原載民國七十八年十二月二十一日《青年副刊》

談兩岸學術交流

日前郝柏村將軍，在接受中央社記者丁遠超與劉秀瓊的專訪時指出：「對於大陸的老百姓，非共產黨員，則應透過民間管道去接觸他們，讓他們了解臺灣的成果，這是我們該做的，但是一定要用間接、逐步的方式，有計畫地去推動。」

郝將軍這一段話的意思，筆者是非常讚賞的。中共政權六四屠城以後，受到自由民主國家經濟制裁，外匯短缺，對大陸人士的出國，管制得非常嚴苛。一方面又嚴格限制港澳臺記者赴大陸採訪，使得大陸人民瞭解外面世界訊息的管道越來越稀少，越來越狹窄。但是為了外匯的需求，對港澳臺及國外人士赴大陸旅遊的門，還是敞開著的。然而個別的旅遊或探親，這種接觸發生的影響固然也有，但總不如在學術會議中的整批接觸來得廣泛，而參加學術會議多數是知識分子，這種接觸交流的影響更是長遠。

因此，我建議主管學術的教育部，對於兩岸學術的交流，不但不應該禁止，而且應該鼓勵。據筆者的理解，教育部現行的政策，凡是國際會議在大陸召開，而我國為會員，則可前往大陸參加會議。其他任何中共舉辦的學術會議，均禁止我方學者前往參加。這種自我限制接觸，自我限制發揮影響力的作法，實在有重新檢討的必要。

東歐一波一波的民主潮，波蘭、匈牙利、東德、捷克紛紛揚棄共產黨的一黨專政，走向自由民主的世界。西方國家多餘的資金，必定源源不斷地流向東歐，經過一段時期的經營改造，廣大的東歐必定會以另一嶄新面目出現。而中國若讓老人黨支持的政權，繼續執行他的四個堅持，必將導引中國走向毀滅的深淵。開放學術交流，正可發揮喚醒中國知識分子的作用，讓他們進一步影響全體民眾，一齊努力挽救中國的危亡。

中共政權的所謂「一國兩制」，就是在國際上壓抑我中華民國政府爲地方政府的陰謀。如果我們民間的學術團體，在大陸會議期間，取得了與主辦團體的對等權，這不就是具有對等的地位了嗎？具有這種對等地位的學術團體愈多，則發揮的力量不是愈大嗎？

臺灣是一個海島，島民的胸襟狹窄，往往只想做個自了漢，把自己自外於中國政治之主流。這種思想，就是臺獨的根源。當開放了學術交流之後，自然可以藉機流覽大陸壯麗的山河，開擴了眼界，擴大了胸心，發現臺灣與大陸原是血膿於水，不可分割的關係。有良心有知識的中國人還會去搞親痛仇快的臺獨勾當嗎？

既云學術交流，我們的學者參加過大陸的會議，同類型的學術會議，也可以在臺灣各大城市輪流舉行，邀請大陸學者前來參加。當他們接觸了臺灣經濟的富裕、政治的民主、社會的自由、言論的開放、建設的進步。百聞不如一見，這不是最好的宣傳嗎？這種影響力之廣泛，是多麼值得去做的事呀！希望執政當局，愼重考慮，坐言起行，不要白白地蹉跎光陰，失去良好的時機。

原載民國七十八年十二月二十五日《青年副刊》

相鼠有皮

《詩經・鄘風・相鼠篇》說：「相鼠有皮，人而無儀，人而無儀，不死何爲？相鼠有齒，人而無止，人而無止，不死何俟？相鼠有體，人而無禮，人而無禮，胡不遄死？」

這首詩的大意思是說，仔細看看貪惡的老鼠，也有皮毛，也有牙齒，也有四肢，作為一個職居尊位的人，如果只會貪冒苟得，蠶食人民，舉措失當，不知禮儀，則亦如貪惡的老鼠一樣的令人討厭。這樣的人不死作甚麼？還等甚麼？還不快去死！所以〈詩序〉說是衛文公刺在位的羣臣，承先君之化，而無禮儀。

衛國自宣公以後，歷代國君都是荒淫無道，宣公上則烝淫父妾夷姜，下則攘奪子妻宣姜。惠公在位，既無才德以鎮服其民，又復驕慢無知。至於懿公，則淫樂奢侈，使鶴乘軒，終於國為狄人所滅。衛國羣臣受先君之化，仍舊貪黷腐敗，不想振作。故衛文公復國以後，戒飭羣臣，詞意就特別嚴厲，眞可以說是大聲而疾呼了。

蘇俄自巴戈契夫執政以後，強調開放改革，但蘇俄經過史達林、布列兹涅夫等長期的極權專制統治，一般共產官僚的保守心態依然如故，每從電視畫面看到戈巴契夫訓飭蘇俄官員的保守腐敗。那種大聲疾呼疾言厲色的樣子，不禁讓我想起衛文公斥其羣臣胡不溘死的神態，好像春秋時代衛文公那一段的歷史，現在又重現出在戈巴契夫的身上了。

知恥近乎勇，戈巴契夫指出蘇俄派軍隊到阿富汗，是嚴重違反道德標準，也坦率地承認以往粗暴地干涉匈牙利、捷克、波蘭的改革浪潮，是嚴重的錯誤。並且承認了今日這些東歐社會主義國家，有選擇政治道路的自由。

今日在戈巴契夫領導下的蘇俄，由於要求政經兩方面的開放改革，雖然還不脫一黨專政的局面，可是它的意識形態已迥異於史達林、布列茲湼夫統治下的蘇俄了。我們當然樂意見到蘇俄的改革開放成功。由於蘇俄的率先改革，影響所及，波蘭組成了非共內閣，匈牙利要開放多黨制，捨棄共產黨。東德的死硬派共黨頭子垮臺了，乃至於捷克、保加利亞、羅馬尼亞要求改革的呼聲，也已風起雲湧，瞬將波瀾壯潤了。

中國的民主運動，雖然被坦克機槍壓制下去了，但只要蘇聯及東歐社會主義國家民主政制改革成功，中共再頑固抗拒，已是無濟於事的。我認爲欲救中國，就只有希冀蘇俄及東歐國家改造成功。過去，由於蘇俄扶掖中共竊據大陸，所以成了我國主要的敵人，至今仍只保持間接貿易。韓非子說得好：「世易則事變。」蘇俄的意識形態既不同於往日，我們何不改變政策，把間接貿易立刻改爲直接貿易呢？幫助蘇俄的改革成功，也就是爲中國大陸的民主改革催生。願我執政當局三復斯言。

原載民國七十八年十二月二十六日《青年副刊》

澄清天下

《後漢書・黨錮列傳》：「范滂字孟博，汝南征羌人也。少厲清節，爲州里所服，舉孝廉，光祿四行。時冀州飢荒，盜賊羣起，乃以滂爲清詔使，案察之，滂登車攬轡，慨然有澄清天下之志，及至州境，守令自知臧污，望風解印綬而去，其所舉奏，莫不厭塞眾議。」知識分子的良心，光明磊落，持正不阿的節概，在後漢范滂的身上，可謂表露無遺，對後世千千萬萬的讀書人，都起了良好的影響。北宋蘇東坡在十歲時，讀到《後漢書・范滂傳》，就慨然太息，向他的母親程太夫人說道：「軾如果也效法范滂，母親允許我這麼做嗎？」程太夫人回答說：「你能效法范滂，我難道就不能效法范滂的母親嗎？」東坡從小就有效法范滂厲清節的大志，而後來的一生行事，也的確實踐了。所以《宋史》本傳說他「忠規讜論，挺挺大節，羣臣無出其右。」

我政府與中共政權的鬭爭，失敗的主要原因，就是在宣傳上始終落於下風。名作家姚克先生就說過：「三十年代作家沒有人不左傾。」所以致此的原因，由於當時日本侵略中國形勢日亟，「九一八」、「一二八」事變的侵佔中國領土，每一個熱血沸騰的愛國青年，都一致要求政府起來抵抗日本侵略。但政府的基本政策是「攘外必先安內」。於是中共乘機誘導，使青年誤以爲只有中共是抗日的，痛恨中央不抗日，專打抗日的中共。另一方面，上海主要報刊的編輯都被左派滲透，作家不跟著他們走，便沒有出頭之一日。由於報刊的影響，於是知識分子、教授學者都受感染。形成一種特殊的思維方式，進而造成一種宣傳攻勢。政府不抗日，不抗日就是不愛國，凡是政府所做所爲都應該反對。所以大陸的失敗，有一大部分是被那些教授學者、知識分子、左派作家所歪導醜化的結果。

現在的臺灣也有一種趨勢，因爲四十年來萬年國會不改選，變成既得利益者。甚至政府制定了中央民代的退休條例，這批既得利益者，仍以法統自居，不肯退位。香港報章批評爲「一千人對抗兩千萬人」。由於他們的戀棧，妨害中央民意機關的徹底更新。在臺灣的中華民國的人民，絕大多數有強烈的民主要求，憂時的知識分子與教授學者也都有此趨向，再加上民進黨的喧騰遊行。於是又漸漸地形成一種特殊的思維方式，也漸漸造成一種宣傳攻勢，政府不強迫老民代退休，就是不民主。凡是政府所做的都是不民主，不民主所以要反對。選舉時凡是執政黨所推選出來的候選人，都不如反對黨，報刊編輯記者又特別垂青這類說法，刊登得特別多，影響人心也就最大了。

筆者一開頭引《後漢書‧范滂傳》，希望知識分子都有范滂的器識，持論公正，光明磊落。做到「凡所舉奏，莫不厭塞眾議。」不要重蹈三十年代知識分子的覆轍，陷國家民族於無可救藥的無底深淵。

原載民國七十九年一月二日《青年副刊》

扼阻投機

經過四十年與民更始，開拓發展，中華民國復興基地臺灣，已從農業爲主的經濟，進展爲新興工業化經濟。從一個靠美援救助的貧窮社會，變爲舉世矚目的貿易大國，國民所得達七千美元，外匯更高達七百五十億美元，僅次於日本，而居世界第二。蕞爾小國的外匯儲備竟能勝英超美，全世界都爲之刮目相看。

臺灣經濟發展與國際貿易，爲臺灣賺進了不少的錢，使得社會與人民都富裕起來了。但卻因爲沒有善加利導，使步入正常發展的軌道，反而常溢出軌道，助長社會的投機風氣。地下投資公司以高利貸大量吸收社會游資，用吸收來的游資炒作股票，股市興旺，四分之一家庭投注於股票市場。當指數上升，大家賺錢，喜笑顏開，這時候，有誰感謝執政黨的德政呢？指數下跌，就喧囂叫罵，遊行抗議，包圍執政黨黨部。這種包贏不輸的心理，影響全民的視聽，有損執政黨的形象與政府的威信。臺南縣長的選舉，失敗了的候選人，發動選民搗毀縣府官署，何嘗不是這種輸不起的心理作祟。

今年十一月二十八日，財政部擬提高證券交易稅爲千分之十五，千餘憤怒的股民，就湧向執政黨黨部，惡言謾駡，叫囂要財政部長，甚至政府集體辭職。這成甚麼體統！更不成話的是執政黨的發言人竟立卽宣布交易稅不超過千分之六。購買股票的人，一般來說，那是比較豐裕的人，而賺進大量的投機財產，卻只繳納千分之六的交易稅。而一般公務人員、夫妻二人若均就業，其所得稅稅率，常在百分之十八甚至於百分之二十二以上，對於大部份辛勤工作者而言，這種稅率，豈能說是公平。社會財富分配的不均，自然影響到辛勤工作者的情緒，炒股票賺錢那麼容易，還有誰要去投資設廠！還有誰願意辛勤工作！當社會上投機貪婪的人到處充塞，振奮向上的人日漸稀少，這個社會該多麼可怕！

地下投資公司又把吸收來的資金，炒作地產，使臺北市的房價高漲，臺北市房屋的價格竟佔世界第二的高位，使得許許多多的年輕人，以他們的收入，勞苦一生，也休想購買得起上千萬臺幣的房子。有巢氏的後裔竟成了無居屋的市民，這不是莫大的諷刺嗎？孟子說：「無恆產者無恒心。」房屋貴成這樣，讓大多數的年輕人都變成無恒產，自然亦就無恒心，對甚麼事都沒希望。既然一輩子辛勞都買不起房子，那也就參加做投機生意，這就造成投機的惡性循環。擾亂了社會經濟，使臺北成爲投機者的樂園。爾虞我詐，純樸祥和的社會風氣，早已雲消霧散。要不然就鋌而走險，搶銀行、搶郵局、搶銀樓、搶加油站、綁票勒索，黑槍橫行。使整個社會談搶色變，時時都有被搶的危險，處處都有被搶的可能。風聲鶴唳，使人不能享受免於恐懼的自由。經濟的發展，造成這樣的後果，豈非極其可悲！我賢明的執政當局還不大刀濶斧地砍除投機心理，扼阻投機事業嗎？

原載民國七十九年一月六日《青年副刊》

僑選立委的精英

我中華民國政府擁有海外廣大華僑的支持，自然就不能缺少代表僑界的民意代表，尤其是立法委員。僑選立委，由於形格勢禁，不能在僑居地舉行公開票選，乃不得已而改爲遴選。僑民參政願望高漲，海外遴選名額有限，粥少僧多，由於不能滿足每一位從政僑民的願望，當選的人，固與高彩烈；落選的人，則牢騷滿腹，紛紛指責遴選不公，甚而遷怒於執政黨與執政當局。其尤甚者，竟有醞釀脫黨，倒戈相向之舉。可見遴選工作之不易，而所遴選出來的立法委員，要能令僑界口服心服，則更是困難。

雖然如此，遴選當局只要不是閉戶造車，能廣泛與僑界接觸，探測民意，不論背景，不講關係，一秉至公。則被遴選出來的僑選立委，仍會受到僑民的認同，得到大家的擁護。可見公論自在人心。

像這次新獲選僑選立法委員的香港大學中文系高級講師陳耀南博士，就是一個顯明的例子。名單一公布，僑界普遍反應良好，特別是文教界，大家都認爲深慶得人。我初次認識陳博士，是在一九八二至一九八三年在浸會學院中文系任客座高級講師的時候，那時陳博士已預定爲浸會學院中文系的下一任系主任，所以系務會議與系中聚餐，他都列席。第一次聽他談話，就感覺到了他的滿腔愛國熱忱與對時事議論的中肯。他說：「中共在香港廣設國貨公司，把大陸各省市的貨物集中起來，看起來品物豐富，琳瑯滿目：而臺灣在香港設的民生公司，貨物不全，零零落落，如果不是親自到過臺灣，知道臺灣經濟發展，遠勝大陸。光就百貨公司比較，難免讓人發生錯覺，以爲臺灣的經濟發展落後大陸甚遠，不知政府爲何不在這方面加強一些？」又說：「臺灣的出版事業十分蓬勃，可是在香港就沒有一家像樣的書店，能夠把臺灣的出版品集中陳列起來，供人選購；中共的中華書局與商務印書館就比臺灣的集成圖書公司強多了。」

短短的兩則談話，可見其心思敏銳，洞見癥結，他實在很適合做民意代表，督促政府改善施政，增加僑民對祖國的向心力。因此，聽說陳耀南博士這次膺任僑選立委，內心十分高興，特賦詩一首向他道賀。詩曰：

國士天南已出塵，四方爭看骨嶙峋。
幾番後浪衝前浪，此日新人替舊人。
法統民心俱適意，高風亮節足推陳。
眉山句好君須記，謀道從來不計身。

古德明先生在《明報》的〈明月晚濤〉說：「陳先生學問博大精深，談吐幽默爽朗，這些都是一個優秀大學教師的條件，也是一個優秀政治家的條件。」「區區留意的是陳先生的見識。沒有見識，學問與詞鋒有什麼用？……八年前，區區初次拜會陳先生，談到國事，陳先生一字一頓地說：『中共不亡，中國無望。』」筆者也像古德明先生一樣，深慶陳博士現今身膺立法委員，肩負重大責任，得遂素志，爲國效力。現今社會具國士之風與江湖俠骨的讀書人實在太少了，既爲立法院深慶得人，也希望陳博士繼續執持「謀道不謀食」、「正誼不計利」的高節，爲國家爲僑界盡最大的言責。

原載民國七十九年一月八日《青年副刊》

中國的前途

一九八九年十二月三日的《亞洲周刊》，引述美國研究機構蘭德公司向其本國政府提出三點建議，中共的一份資料轉載北京〈思想理論教育〉一篇文章，指出該建議的第二點是：「無論如何不能讓中國統一，如果統一起來的話，……臺灣的資金，香港的訊息，中國大陸比較完整的工業發展體系，比較強大的科學技術力量，再加上廉價的勞動力，這是不得了的優勢和條件。」

雖然蘭德公司的建議，是要防止中國做到這一點，但也確確實實地指出了中國的前途在那裏，中國未來發展的方向該怎麼走？凡是有良心的中國執政者，看了這點建議後，爲了國家民族的前途，爲了後世子孫的幸福，定會效法周公一沐三握髮、一飯三吐哺的精神，朝思夕慮地把三地的力量整合起來，創造我中華民族萬世無休的美麗前景。

近幾個月來，東歐共產國家紛紛改旗易幟，先是波蘭、匈牙利，接著是東德、捷克、保加利亞。一波比一波洶湧，一浪比一浪壯濶，民主潮流氣勢何等雄偉，使這些國家的共黨政權，一個一個向人民要求改革的力量妥協，或摒棄了共產主義，或喪失了統治權力，或改組了黨和政府，容納了異己人士參政。整個說來，困擾世界將近百年的共產主義，在二十世紀的最後十年，已經是土崩瓦解，潰不成軍了。東歐集團改革的總方向是政治走向民主，社會開放自由，經濟轉向市場經濟。看了東歐，再回頭看看中國，在北京屠城後，政治愈來愈專政，言論愈來愈緊縮，經濟愈來愈回頭，眞想不透，同是圓顱方趾的人類，北京領導人在思想上與全世界的人類竟有這麼大的差距！爲了一己之私利，罔顧國家民族的前途，竟那麼頑固地執持著「四個堅持」，一步一步地走上毀滅之途。

東歐集團在政治上雖求得了民主改革，在經濟上卻遭遇了困難，除東德還有西德兄弟的支援外，其他的國家，都沒有經濟富裕的臺灣，資訊靈通的香港，可以隨時支援整個國家的經濟建設。如果中共政權能幡然覺悟，卽時放棄四個堅持，效法東歐的民主改革，經濟開放，不但臺灣香港願意幫助中國建設，改善十一億同胞的生活。就是全世界的中國人才也願意放下他目前的工作，回到神州祖國參加建設。香港的資金也不必外流，人們也不必移民了，這千載一時的機會，卻爲幾個頑固無能自私自利的老人躭誤了，扼殺了，說來眞是旣可恨又可悲。

十一億的炎黃子孫啊！我們竟然眼睜睜地看到幾個無能的老傢伙，斷送國家民族的命脈而束手無策嗎？這眞是十一億中國人的無能，也是十一億中國人的奇恥大辱。我覺得我中華民國政府應該更積極地聯合全世界的中國人，想盡辦法將中國的前途，更清楚地灌輸給大陸同胞，讓整個大陸的人民從速覺醒，一齊起來，推翻老人黨。不能夠再把中國的命運交給這批利令智昏的老人黨手上了。

原載民國七十九年一月十一日《青年副刊》

試譜新曲頌中國

從四月中旬以來，北京天安門的民主潮，一波高過一波，一浪猛過一浪，帶動了全世界中國人的心，融和了全世界中國人的情，在那種亢奮的心情下，卻沒有一首代表中國人的歌，鼓舞大家的情緒。北京的學生在形格勢禁下，不得已唱起了共產黨的〈國際歌〉。北京學生唱〈國際歌〉猶可說也，但香港的學生在遊行的時候，也唱起〈國際歌〉來，就覺得不倫不類了。其實，這都是由於沒有一首可以表達中國人心聲的歌曲，故迫不得已而出此。當時我就感觸良多，寫了一首〈自由民主頌中國〉的歌詞，歌詞是這樣的：

黃河黃。長江長。五千年歷史，千萬里封疆。聖哲有孔孟，聲威出漢唐。熱血爭民主，梅開遍地香。浩氣歌自由，歌聲萬里揚。天安門外呼聲作，全球華人聲激昂。炎黃子孫億萬千，海內海外齊聲唱。

聽！自由民主擋不住，專制極權終必亡。

看！海內海外中國人，心心相連莫能當。
同胞們！挺胸膛。快奮起，莫徬徨。自由民主統一中國，中國一定康樂又富強！康樂又富強！

這首歌詞承香港大學中文系高級講師陳耀南博士，在香港《東方日報》撰文介紹。陳博士說「聲韻學大師陳伯元教授。蜚聲國際，客座九龍高等學府，亦喜詩而能詩，日前郵示近作〈自由民主頌中國〉。朗誦之、歌詠之，使人血脈賁張，好詩！」

筆者從事聲韻學研究，已三十餘年，頗能體會文字與聲韻配合的道理。稱我爲聲韻學大師，蜚聲國際，這是陳博士擡愛過厚，於內心實愧不敢當。倘若此首歌詞，確能感動人心，使人血脈賁張，精神振奮的話。故今特將歌詞借〈書劍集〉園地公之於世，請大家指正。並誠摯地祈請國內作曲家，能爲之譜上曲譜，使之廣爲流行。如果能得到中央廣播電臺廣爲傳播，以喚起大陸十億同胞未死之民心，一齊奮起，全心協力，推翻共產暴政，重新燃燒起自由民主的光芒。執筆到此，電臺正播出東歐最後一張骨牌，羅馬尼亞的獨裁者壽西斯古，一夜之間，就被民主洪流給淹沒了。以彼例此，只要中國再度興起民主熱潮，鄧李楊殘暴政權也一定會被這股大潮流給淹沒的。所以我們在自由世界的同胞，更應多盡些鼓動的力量。

原載民國七十九年一月十二日《青年副刊》

精英政治

在香港，最優秀的學生考入香港大學，香港大學畢業則進入政府機構爲公務人員，所以香港政府各部門的辦事效率，極爲卓著。當然政府機構的公務人員要吸收一流的人才，基本條件就是厚其俸祿，使其生活安定，仰事俯畜，無匱乏之虞。這樣自然安心工作，加以資質優秀，往往能主動負責，妥擬計畫，切實執行，遇有困難，遭逢阻礙，皆能克服困難，剷除阻礙，使工作得以順利推行。

日前返臺，從報上得悉行政院長李煥在院會中，對各部會首長個別點名，關切施政計畫的執行進度，一再催促各項法令，方案要趕快提出。甚至表示出各單位的許多案子，在他就任院長時，就聽了報告，如今半年過去，卻毫無進展，使得我們的最高行政首長心急如焚。李煥且感慨地表示，現在社會的變遷非常快速，如果行政程序仍然因循襲舊，沒有效率，沒有作爲，則根本無法與社會發展相配合，也就是說政府的施政，與社會的發展完全脫軌。

亞洲四小龍以我中華民國臺灣最爲富裕，而行政效率則最爲低落。舉例言之，臺北市的交通混亂，幾爲舉世之冠，近年來，經濟富裕，車輛增多，交通壅塞，已有寸步難行之勢。可是解決交通流量的大眾捷運系統，工程進展卻如蝸步，主事者不積極設法克服土地徵收之困難與阻礙，工程建設之加速與擴展，卻斤斤計較於地下車站之命名，眞可謂捨本逐末，從事於不急之務。如此心態，效率如何能提高？速度如何能加快？日前乘坐計程車，與司機先生談天，司機先生說，照這樣進度建下去，總會有建成之一日，不過建成之日，已經到了反攻大陸的時候。可見一般民眾對捷運系統工程進度的緩慢，是如何的不耐了。

再看看四小龍的韓國，漢城的地下鐵路，創議可能比我們還遲，但是人家坐而言起而行，在一九八八年就已經建成了四通八達的地下鐵路網，所以能在漢城奧運的時候，負擔起大量運輸的任務，爲韓國爭足了光榮。香港的地下鐵之便捷，幾乎凡到過香港的人，都是有口皆碑的。新加坡急起直追，地下鐵路也已完成了。我們的紅線、藍線、棕線等等的網路，竟仍停留在畫餅充飢的階段。人家能，我們爲什麼不能？此無他，公務人員的素質不如人家太遠了。

花費了大量金錢與時間完成的北市鐵路地下化，除了改善了西門鬧區的平交道外，它其餘的功效在那裏，我們看不出來。如果當時興建時，就有周密的建設計畫的話，則完工之後，此段鐵路除了作一般鐵路運輸之外，應可兼作萬華松山間的大眾運輸系統，只要加購電聯車，加密班次，就很容易兼顧了。今不善加利用，豈非浪費資源，棄有用爲無用嗎？

公務員素質低落，實則由於八年抗日戰爭，民窮財盡，不得已採用低報酬所致。今經濟發展，國家財政日趨寬裕，實應即時改變低薪政策，把社會上一流的人才吸收到政府機構來。惟有優秀的人才，纔能把國家建設爲現代化一流的國家。

原載民國七十九年一月十三日《青年副刊》

訪臺又何妨？

據《民生報》消息，政府高層最近已授意修改兩岸人民關係法，可望於今年六月前解除有關大陸具共產黨身份的體育選手赴臺的禁令，而我國在國際體育比賽中，所涉及的旗、歌等政治符號問題，屆時也將採取圓熟的處理辦法。我覺得我政府應不只限於具有共產黨員身份的體育選手來臺的問題加以檢討，而應該對大陸所有共產黨員來臺的問題加以檢討。中國大陸有十一億人民，而具有共產黨員身份的則有四千萬人。我們怎麼對待這四千萬共產黨員，政策是否正確？態度是否得當？做法是否適宜？影響是否深遠？對我們能不能以「自由、民主、均富」統一大陸，實具有決定性的影響。

東歐的劇變，應該可以提醒我們，在共產黨員中，除了其領導層的頭頭，像東德的霍納克、羅馬尼亞的壽西斯古等沉迷於專制獨裁外，大多數的黨員仍有他自己的良心，仍是嚮往自由民主的。看看那一呼百應，聲勢浩大的民主自由運動的成功，就可以完全了然於懷了。

也許，東歐的共產黨人稍稍不同於中國共產黨人，東歐的共產黨是外面強加的，中國共產黨是自己發展的。在中共發展之初，也許有這麼一點不同。在中共從事顚覆政府的時期，他每一個黨員就是一個情報員，就是一個地下工作者，要不然就是一個戰鬥員。這也就是鄧小平、陳雲等中共八老朽死掌握政權不放的原因，老子打天下，老子坐天下，認爲是理所當然的。但是經過四十年的發展，他後來吸收的黨員，並沒有參加顚覆叛亂的戰鬥，只是爲了取得較好的待遇，獲得更好的權益，不得不參加共產黨爲黨員。在這一點上，中國共產黨員與東歐的共產黨員並無二致。在共產政權下，公有財產制，無論是那一行那一界，不論是多麼優秀的人才，如果不是共產黨員，都不能享受其應享的權益。

在目前鄧李楊殘暴集團控制下的大陸，我們爲什麼要禁止大陸共產黨員來臺，除非我們是一個封閉的社會。既然是開放的社會，正應歡迎他們來臺比較海峽兩岸制度的優劣，人民生活之貧富，言論自由之緊鬆。讓他們憑他的良心去比較，來的人多了，比較得够了，自然在心理上會起催化作用。在海峽現在的形勢下，軍事反攻既不可能，則從政治、心理的轉換，才是一條可行的途徑。一般人民的轉變，影響猶小，惟有從共產黨員、中共幹部的徹底覺悟，才有可能徹底推翻鄧李楊殘民集團。

我政府當局也許顧慮共產黨員來臺，會影響臺灣的安全，這未免太沒有自信心了。我們又不是讓四千萬共產黨人一次湧入臺灣，是分批分批的進入，各行各業按梯次邀請。一切在我掌握，難道情治機關連這點能耐都沒有嗎？也未免太小覷我們的治安能力了吧！

時異則勢易，勢易則事變。總之，爲了中華民族的前途，爲了大陸同胞的幸福。我政府再不能以偏安爲已足，應該負擔起主導的責任，凡是有助於摧毀鄧李楊殘暴政權的一切措施，都應該義無反顧地主動積極去推行。質之有治國之責的李總統與李院長以爲如何？

原載民國七十九年一月十五日《青年副刊》

便民乎？擾民乎？

筆者自七十七年應聘香港浸會學院任教，持港澳僑胞專用中華民國臺灣地區逐次加簽入出境證，每次回臺加簽，無論是在機場窗口，或是出入境管理局窗口，除繳交規費四百元外，還要填寫一張申請表。申請表上所填的資料，不外乎姓名、籍貫、出生年月日、出入境證有效期限，最近一次來臺時間，在臺住址等項目。這幾項資料，在出入境證上早已開列清楚，有沒有必要每次加簽再讓民眾多填一次。除了多填寫一次申請表，多浪費民眾一些時間外，我實在看不出有甚麼必要！

現在出入境資料處理，已全面進入電腦管理，申請表上的資料，早已輸入電腦，一按鈕就可在螢光幕上顯示出來。再填一張多餘的申請書，到底有甚麼好處？浪費納稅人所繳的稅款，浪費紙張，浪費印刷廠的印刷工作，浪費人力去保管，浪費建築物空間去儲存，最後增加幾百噸乃至於幾千噸的垃圾，增加環保處處理垃圾的負擔。想想看，做一件毫無利益的事情，浪費了多少人力物力，增加了多少的手續與痲煩。

蜀漢先主曾告誡後主說：「勿以善小而不爲，勿以惡小而爲之。」我對我政府各級公務員，亦有同樣的期望。就是：「勿以便民小而不爲，勿以擾民小而爲之。」各級公務人員既是人民的公僕，就應有主動興利除弊的精神。「勿以利少而不興，勿以弊小而不除。」各級民意代表亦應有主動監督的責任。過去四十年的萬年國會，養尊處優，對人民有切身利害的事務，漫不經心。自己要出國，既有人代辦手續，自然也見不及此。新當選的民意代表，是否應該主動地探尋民意，監督行政當局盡量廢除那些不必要的擾民手續。

中國的希望在臺灣，所以我中華民國政府自己亦有責任，爲了中國的前途，將自己的施政，改進得益趨完整、精益求精、善益求善，讓我政府成爲全世界中國人的燈塔，希望所在，光明指標。

中國幾千年的專制政權，政府官員的心態，都是以牧民爲職志，把民拿來牧，好像牧牛、牧羊一樣。有了這種牧民心態，所以對待人民，就盡量定下許多管理辦法，制定許多繁雜手續，重重關卡，處處管制。時日既久，早成慣例。儘管現在已經是以民爲主的民主時代，但各級官員這種牧民心態一時仍難改變過來。

臺灣四十年來的經濟發展，社會日漸富裕，人民出國機會日多，而海外僑民返國旅行參觀的人也日日增多，內政部出入境管理局與人民接觸日繁，手續簡便，可以增加人民的好感；手續繁冗，則增加人民的反感。我們何不首先從境管局做起，改變以往牧民的心態爲尊重人民、方便人民。質之內政部許部長、境管局汪局長以為然否？

原載於民國七十九年二月六日《青年副刊》

加強海防

據最近一期的《動向》雜誌說：「近年來，臺灣政治、經濟的發展，博得了海峽兩岸人民的讚賞，使中共極權集團大爲惱火。爲了破壞臺灣進步、經濟發展，大陸某些有關人員曾大動腦筋，制定了包括統戰臺灣高層人士，向臺灣派遣特工情報人員，支持『臺獨』反對國民黨，僞造臺灣幣，走私槍枝彈藥等計畫。」最新一期的《九十年代》雜誌也說：「臺灣近一年破獲多起貨源來自大陸的大宗走私販毒或禁藥案，包括標明純度達百分之百的『雙獅地球標』海洛因、大麻及製造安非他命的原料鹽酸麻黃素及成品。十二月初，臺灣警方再度起獲兩公斤重，市價達二千多萬臺幣的中共製海洛因磚四塊，進口管道爲泰國。」從這兩則雜誌的報導看來，中共之謀我，可說無所不用其極，臺灣目前黑槍橫行，毒品氾濫，偸渡人口日眾，漁船騷擾不停，這都不是孤立事件，而是中共有計畫地擾亂臺灣治安，以配合其武力攻臺的前奏。

中共這一陰謀，幸好我政府當局已經認清了中共的惡毒詭計。國家安全會議秘書長蔣緯國將軍在去年十一月的「二十一世紀民主國家的國家安全」演講後，卽席答覆聽眾的書面詢問時卽曾表示說：「去年，趙紫陽批准一億美金等值的大陸貨物，用漁船走私過來臺灣，以便在臺灣銷售後，拿來支援『臺獨』，支援一切搗亂政府的活動。」政府當局雖然體認到了中共謀我的詭計，卻到目前爲止仍沒有提出適當的對策以及有效措施。

有人曾提議海軍負擔起增加海防的任務，其實海軍的任務是主管作戰，爲了確保海戰的績效，平時忙於訓練，不可能分心於這種查緝走私、阻絕偷渡的防止犯罪的工作，且艦艇的噸位與速度等也不定適合擔任此項任務，且以軍艦對付一般民眾，亦易遭致國際輿論的批評與指責。

預防犯罪與消滅犯罪這應該是警察的責任，所以我建議成立海上水警隊與空中警察隊，均隸屬於內政部警務署。海上水警隊應以巡邏快艇組成，可分成北部、中部、南部、東部四個區隊，一天二十四小時在近海巡邏，遇有可疑船隻則加以檢查查問。至於空中警察隊則以小型航機與直升機隊組成。在臺灣海峽畫一中線，凡大陸漁船及可疑船隻越此中線，企圖不明時，立刻通知水警隊快艇駛往盤查，至於機艦與人員數量，這是專家的事，非我們局外人所可置喙。

增設海上水警隊與空中警察隊，當然要增加預算，甚至增加人民賦稅上的負擔，爲了國家的安全，社會的安寧，人民生命財產的保障，這種付出，也是值得的。何況以我們國家目前富裕的狀況，財政的富裕，這些支出的增加，根本不會有何困難，但爲國家長治久安的長遠打算，當然值得立時動手實行的。希望有關當局勿以芻蕘一得之愚而見棄，則國家幸甚，社會幸甚。

原載於民國七十九年二月八日《青年副刊》

小雨與颱風

北京六四屠城之後，港督衛奕信爵士於元月十日首次訪問北京。說實話，港督的長相實在不敢恭維，初次在香港的螢光幕上看到他，還眞覺得相貌很醜，後來看多了，也就沒有那麼不順眼。但是這次在北京與港澳辦公室副主任李後的一輪有關氣候的會談中，就顯出港督溫文儒雅，應答得體，受過良好教養，表現良好風度。相反的，李後卻是一副山東響馬的嘴臉，態度僵硬又強詞奪理。

會談一開始，李後當著記者的面說：有人在香港「呼風喚雨」，高叫什麼「打倒中國西奧塞古」。實際上造成了一場不大不小的雨，現在就是要撥開雲霧，使得可以見青天。港督立刻回應說：他自己不是氣象專家，不過現在已是冬季的盡頭，按照日曆來說，春天已經來臨。他希望談到天氣，要區別小雨和颱風，不要把兩者攪混了。李後旋又不甘示弱地說：小雨不及時注意，會變成颱風，我們現在的工作，就是要避免再下雨。

以上是這一輪氣候會談的大致內容，在自由民主的社會，人民有集會遊行的自由，人民有表達意志的自由，所以人民的集會遊行，高呼口號，這根本就是家常便飯，如以天氣來譬喻，港督把它喻為小雨，那是再適當不過了。而在共產專政集權的社會，思想要統一，言論要一致，也就是以領導人的意志為意志，思想為思想，領導人怎麼樣想，全國人民只能跟著同樣的想，領導人怎麼樣說，全國人民也只能跟著同樣說。那怕這個領導人是個草包，是個低能兒。今年一月號的《明報月刊》，盧子健先生的〈中美關係的前景〉一文，附了一張鄧總舵主會見美國總統特使史高克洛夫的照片，鄧小平張開一張合不攏來的嘴巴，活像一副低能兒儍瓜的樣子，要全國人民跟著這個昏庸塗糊、智能不全的儍瓜老朽去想去說，國家那兒不會完蛋。你只要稍說個「不」字，他就說你「呼風喚雨」了。

至於李後說到：「小雨不及時注意，會變成颱風。」這不但智能不足，沒有常識，而且連思維都有問題。春天的時候，春氣氤氳，毛毛細雨，似針尖、似牛毛。霑潤大地，滋潤草木，萬物欣欣向榮。這種小雨，怎麼可能變成颱風呢？颱風是特定地區的產物，以北京來說，小雨變成傾盆的大雨，也不可能變成颱風。臺灣與香港低緯度地區，每年夏秋兩季，烈日高照，南太平洋的熱氣流才會醞釀成颱風，吹向臺港一帶。司徒華先生說得好：「雨需要來的時候自然要來，若長年都紅太陽高照，會把人曬乾。」平時不准人民發表自由言論，表達自由的意志。在極權專政的壓迫下，當人民的情緒得不到舒解，忍無可忍的時候，自然就像火山一樣的爆發了。羅馬尼亞的推翻暴政，那是一場颱風，起因也就是被紅太陽曬得太久了。打倒中國的西奧塞古有甚麼不可以的，如果中國有西奧塞古那樣的暴君，蹂躪人民，殘殺人民，家族專政，貪圖享受，把國家資產，盡入私囊，這樣的暴君不應打倒嗎？李後緊張什麼呢？除非你承認你們的領導人就是中國的西奧塞古。

原載於民國七十九年二月十六日《青年副刊》

香港的鐵路

作爲香港內部及對外的主要交通骨幹，九廣鐵路原來也是由香港政府經營，自從一九八三年以後，乃脫離政府成立公營公司，以商業原則經營收入足以支付日常開支而有盈餘。據香港《信報》的報導，九廣鐵路公司成立後，繼續推動鐵路現代化及電氣化的計畫，在八三年七月完成全線電氣以後，列車班次隨之增加，乘客人數亦由電氣化前平均每天約四萬人次，增加到現在的每天五十萬人次，而列車班次密度亦大爲增加，現在繁忙時間的班次，平均約爲三分鐘一班。該公司並不以此爲已足，繼續聘請顧問公司研究，希望將班次密度進一步提高到兩分鐘一班，眞說得上是分秒必爭。爲了配合乘客數字的增長，公司不斷購買新車廂，預計到一九九二年的時候，載客量將比現在增加百分之五十，也就是說平均每天載客七十五萬人次，這是多麼大的載運量啊！

我們臺灣的鐵路電氣化比香港起步早得多，可是由於策畫不完善，使得故總統蔣經國先生推行的十大建設中，鐵路電氣化一項，效果不彰顯，除了縮短了縱貫線的行車時間外，看不出對全省交通有良好的改善。我相信我們主管交通的官員，一定也到過香港，他山之石，可以攻錯，爲何不能取人之長，以補己之短呢？據《聯合報》刊登的消息說，主管交通的官員又在籌建全省高速鐵路了，籌建高速鐵路固然是好事，但對現有的電氣化鐵路為何不先行改善呢？

根據我這個外行人的觀察，改善現有的電氣化鐵路，使它成為大眾運輸系統，也並不是辦不到的。首先應該投資消除電氣化鐵路沿線的平交道，使平面的平交道立體化。然後劃分行車區段，譬如以基隆新竹間為一區段，新竹彰化間一區段，彰化嘉義間一區段，嘉義屏東區為一區段。我只是舉例言之，區段劃分應該以旅客流量作為標準。在每一區段之間，增添電聯車，加密班次，使繁忙時間出車到每三分鐘一班，則就可以成為區段間的大眾運輸系統了。

車票方面，也可仿效香港大量使用儲值車票或電腦售票，這樣多用機器，少用人力，既可節省人員，又可防止吃票。當然要使用儲值車票或電腦售票，全線各站的出入口也應更換為電腦控制的自動欄柵。我相信以我中華民國目前的電腦科技，在技術上應該毫無問題。縱然國內不能產製，也可以向國外購買。如果我們的電氣化鐵路，能夠改善到這步田地，則逢年過節一票難求的困擾，立刻就可消除。而保留公務票那種講特權關係的陋習，也可消除得無影無縱了。不知主管交通的張部長能否看到筆者這篇報導，對筆者的建議，心中以為可行嗎？

原載於民國七十九年二月十九日《青年副刊》

展望與隱憂

我中華民國反共基地臺灣，四十年來，雖在土地、人口、資源各方面與中國大陸相差懸殊，但仍能屹立不搖，主要在於經濟的發展、社會的安定與人民的勤儉，所以雖在中共的層層重壓之下，我們仍可成爲亞洲四小龍，以七百四十億美金的儲備而傲視世界。

春節返國渡假，首先接觸到的頭條新聞，是石化工業鉅子王永慶先生與大陸接洽投資的問題。根據二月一日的《聯合報》載，由於土地價格高漲，而且不易取得；建廠需要工人，已經不易找到；新臺幣不斷升值，利潤大不如前；勞資糾紛層出不窮，工人貪得無厭；工作意願低落，失去勤勞美德；整個投資環境轉壞。所以臺塑六輕要在臺灣建廠，已經是微乎其微了。

如果《聯合報》這則報導確爲事實，則不僅六輕無法建廠，日後所有重要建設，均將遭遇同樣的困境，臺灣的經濟建設要如何發展？這不能不令人感到憂心忡忡，爲國家的前途心急如焚了。不過凡事有果必有因，造成今日投資環境轉壞的後果，仔細推尋，不難找出其始因，找出原因，然後對症下藥，則亡羊補牢，猶未爲晚。否則就只好苟延殘喘，束手待斃了。負有治國重責的李總統與李院長，懍於責任之重大，真應該終日乾乾，夕惕若厲。勞心苦思，籌謀解救之道了。

展望九〇年代，東歐共黨已逐漸瓦解，蘇聯改革必然繼續進行，中共政權的四個堅持，在改革的大潮流下，它必定堅持不了。面臨這樣的大好形勢，正是我們大有作爲的時候，假如我們的經濟發展突然衰退，坐對當前的形勢，豈不是徒呼負負了嗎？

從報章雜誌的報導與分析，很容易找出問題的癥結，土地價格的高漲，是由於地下投資公司的炒作，所以抑制地下經濟行爲，是當前政府要全力面對的事情，建廠所需工人本地不容易找到，不妨進口外地工人。如果大陸政策能夠明朗化，何妨分批輪流地約僱大陸工人，既可改善大陸同胞們的生活，又可增進大陸人民的民主自由思想，讓他們把臺灣經驗帶回大陸去，不是一舉數得的美事嗎？至於新臺幣升值對出口固然不利，可是我們的資源向來都靠進口，盈虧相抵，應該不是個大問題，勞資糾紛的層出不窮，這是法令規章的不完密，與人民守法精神不足，司法單位執法不一，再加上反對黨的鼓動，使得勞工貪得無厭，但這種情況，如果有明確的法令，使勞資雙方，有所遵循的準則，也應該不是甚麼棘手的問題。至於工作意願低落，失去勤勞美德的問題，確是政府政策的偏差所導致，社會上大部分的人投機股票，賺錢容易，有誰願意去勤勞工作呢！讀了近三十年的書，得了博士學位，做了副教授，月入才不過四萬多臺幣，投資與報酬是如何的不相稱，所以要想提高國人的工作意願，必須保障從事正常工作人的合理收入，抑制投機的不當利益。這樣國家才有前途，社會才能祥和，展望未來，等待我們的是光明的前景，也是層層的暗礁，這端視國家的掌舵人到底要把我們航向那一個方向了。

原載於民國七十九年二月二十一日《青年副刊》

香港的交通

前些日子我寫過一篇香港的鐵路，覺得有些措施足爲我們借鏡。鐵路只是香港交通的一環，在交通工具來講，除鐵路外，最爲人所稱道的，就是香港的地下鐵，香港地下鐵一共有三線，最先建成的是中環到荃灣一線，其次是上環到柴灣線，最後完成的是油蔴地到鰂魚涌線。三線可互相轉車，尖峯時期每隔兩三分鐘一班，把數百萬旅客運送到目的地，是香港地下的大動脈，每一處地鐵車站，都有一家恒生銀行分行，除經營一般銀行業務外，還有一個窗口專營與地鐵有關的業務，出售儲值車票，票面分一百元與五十元兩種，有了儲值車票每次乘坐地鐵就可省去購票的麻煩，還可享受折扣的優待，又可與火車通用，眞是方便得很，出入地下鐵路口，完全以電腦驗票，既快捷又方便。另外則兼管換零錢的業務，如果不是經常乘坐的乘客，則可在投幣購票前，按站名里程自動投幣購票，也都十分方便，一切以電腦管理，既節省了購票的人力與時間，又防止了吃票的弊端，不得不羡慕人家現代化的管理效率。臺北正在興建地下鐵，這一高效率的管理措施，是否值得我們取法。

我們的公共汽車，香港人叫巴士，香港有兩家大型巴士公司，使用雙層大型巴士，每部巴士可乘坐一百餘乘客，上車自動投幣，不使用票卡，可以減少司機剪票的痲煩，可以專心駕駛。香港的巴士站，通常都在街道邊上凹進一段，作爲巴士的專用停靠站，其他車輛不得駛入，繁忙時間，擠塞路段，有巴士專用線，這些都是保障大眾行的權利。記得李登輝總統在任臺北市長的時候，曾大力呼籲公車乘客依序排隊上車，但是效果不彰。因爲要乘客排隊，並不光是號召就可收效，必須要有許多配合措施。香港的大型巴士站，都設有分線鐵欄杆，把不同路線的乘客分開，乘客則依自己所乘路線依次排隊，巴士到達，因爲沒有其他車輛的阻擋，所以都能準確地將登車門停在隊伍前頭，乘客依次上車，自然井井有序。再看看我們公共汽車車站，停滿了各型私家車，公車靠不了站，怎麼能讓乘客排隊上車呢？看看自己，想想人家，爲甚麼總是人家能的而我們不能呢？

我們的計程車，香港叫的士，我覺得香港的士最予人好感的，就是不拒載短程旅客，不論機場排班的也好，車站排班的也好，只要旅客上車，不管路程遠近，都不得拒載。臺灣機場、車站排班的計程車拒載短程旅客，那簡直是理所當然，甚至街頭流動的計程車，一聽是短程或擠塞街道，也都揚長而去，置乘客而不顧，使人覺得臺灣的計程車最沒有職業道德與人情味了。

香港只是英國的殖民地，臺灣是我們統一中國的模範省，交通管理的良窳，差別是這麼懸殊，我們成天叫模範模範，難道一點都不臉紅嗎？

原載民國七十九年二月二十三日《青年副刊》

黃維將軍

去年十二月在香港無線電視明珠臺，看了一部英國人拍的《中國革命》的片子，時間從一九一一年到一九四九年，也就是從辛亥革命到我政府撤退大陸爲止，片中訪問了陳立夫資政與蔣緯國將軍，當然也訪問了一些中共人員，大體說來，還相當客觀，頗持平而不偏袒。在這部片子中，給我印象最深刻的就是黃維將軍。民國三十七年徐蚌會戰的時候，我在我的家鄉江西省贛縣省立贛縣中學讀初中一年級，每天看報，打到東是黃維兵團，打到西也是黃維兵團，那時候給我的印象是，黃維將軍是一位勇敢善戰的將軍。

一九八九年十二月號的《明報月刊》，何家驊先生〈再談國民黨怎樣失去大陸〉一文，談到黃維將軍雙堆集之敗，有較詳細的描寫。何先生的文章說，黃百韜將軍碾莊之敗後，參謀本部乃在華中地區組織十二兵團，以黃維爲司令官，轄十八軍楊伯濤、五十八軍吳紹周、第十軍覃道善、第十四軍熊綬春，都是精銳。國防部當時的作戰計畫，是將十二兵團推進到徐州以西地區，與在徐州之杜聿明三個兵團夾擊在徐州西的劉伯承。劉伯承當然明白這一戰略，就派了「第四兵團」陳賡在蒙城縣北堵截。黃維兵團到了雙堆集，不能北上，但以黃維兵團的兵力，仍可向東衝出一條路。適在此時，原是共產黨員的廖運周（擔任五十八軍一百一十師師長）在重要關頭叛變，使黃維兵團陷入包圍。杜聿明不得已率所部放棄徐州救黃維，在青龍集被劉伯承、陳毅截住，兩部不能會師，最後相繼覆滅。這個共諜廖運周畢業黃埔三期，在校便是共產黨，畢業後加入共軍，在金家寨被俘，由於國軍將領也是黃埔同學，把他放了。他去南京找老師何應欽，何應欽介紹他到河南入豫北師管區當營長，最後輾轉升到一百一十師師長。徐蚌會戰敗於共諜廖運周，則是不爭的事實。

這部片子快結束的時候，記者訪問黃維將軍是怎麼被俘的，由於廖運周的叛變，整個兵團的行蹤，共軍瞭如指掌，重重包圍。在彈盡援絕的時候，黃將軍坐上一部坦克車向後撤退，中途坦克故障，爬出坦克的時候，周圍都是共軍，所以就不免被俘了。

黃維將軍被俘以後，被共產黨囚禁了二十七年，受盡了共產黨的洗腦折磨，精神與肉體兩方面都受了不少的痛苦。記者問他有沒有受洗腦的影響。黃將軍爽朗地笑著答：「我這個腦筋，還能受甚麼影響！怎麼能改變得了。」片子的最後，顯現先總統　蔣公的照片，記者問黃將軍說：「你覺得這個人怎麼樣？」黃維將軍斬釘截鐵地回答說：「他是個英雄。」我看了以後，對黃維將軍不覺肅然起敬，在共黨淫威之下，還敢直道肺腑之言，眞可稱得上是「威武不能屈」的大丈夫了。

以前每讀〈李陵答蘇武書〉，讀到「昔先帝授陵步卒五千，出征絕域，五將失道，陵獨遇戰……而執事者云云，苟怨陵以不死，然陵不死罪也，子卿視陵，豈偷生之士而惜死之人哉！」這一段的時候，未嘗不爲李陵的含寃不能雪而流涕。黃維將軍雙堆集之敗，非戰之罪也，乃受共諜廖運周之害。也許有人認爲黃將軍未能自戕，以殺身成仁。可是在那種情況，雖欲捐軀亦不可得，難道我們就沒有絲毫仁恕之心嗎？觀片中黃將軍的表現，對　領袖的忠忱，他又豈是偷生之士惜死之人哉！因此我建議有關當局設法把黃將軍接運回臺灣來，《左傳》上說：「以志吾過，且旌善人。」應該就是指這一類的事情而說的，不知有關當局以爲然否？

原載民國七十九年二月二十七日《青年副刊》

眞知灼見的政治家

根據《香港時報》的消息，由於蘇聯主席戈巴契夫放棄一黨專政的政策，我政府正準備開放中蘇間的直接貿易，以國內業者的聰明才智，相信一旦開放直接貿易，定會突破各項限制，使雙邊貿易額呈倍數成長。而中華民國對外貿易發展協會拓展對蘇貿易，也正蓄勢待發，只待政府宣布開放對蘇直接貿易，外貿協會對蘇貿易計畫將立即付諸實施。這一計畫包括準備赴蘇舉辦「中華民國產品展」，努力蒐集蘇商情，積極建立中蘇經貿管道。國內電子、通訊、鋼鐵、紡織等各行各業，均充滿了信心，計畫有組織地進軍蘇聯的經貿市場。看來中蘇貿易充滿了一片光明的前景。

在此不久，香港的報紙普遍報導，作爲亞洲四小龍之一的香港，也積極從事擴大與蘇聯的貿易，但據記者的分析，卻認爲港蘇貿易的前景，未可過於樂觀。

臺灣與香港，都是亞洲的四小龍之一，而香港的國際情勢遠較臺灣爲優，香港的資訊亦較臺灣靈通，銀行操作也比臺灣靈活，國民平均收入亦略勝臺灣一籌，爲甚麼一談到對蘇聯的貿易發展，卻表現出如此強烈的對比，臺灣充滿信心，香港則未可樂觀呢？

原來發展與蘇聯貿易，無論是產品展覽也好，蒐集商情也好，建立經貿管道也好，在在都需要經貿人才，特別是懂得俄語的人才。香港各大學都沒有設置俄語系，所以這方面的人才缺乏。這就不得不佩服前教育部長張其昀先生的高瞻遠矚了。民國四十四年，張先生在教育部長任內，當國立政治大學在臺復校的時候，他就主張在政大東語系設立俄文組；民國五十年代，張先生創辦中國文化大學，又在東語系設立俄文組，二、三十年來，儲備了不少俄語人才。在那時候，中俄關係極其惡劣，設置俄文組，學生畢業後，毫無出路，大家都批評張先生好大喜功，從事於不急之務。老子說：「治大國若烹小鮮。」小鮮要烹調得當，葱、薑、酒、醬、油、鹽、糖、醋缺一不可，治理國家，各種人才，均宜儲備，這絕不是眼光短淺的政客所能預先籌劃到的。今張先生久歸道山，他對國家所作貢獻，將來定會受到歷史公平的評價的。

三、四年前，在一次偶然的聚會裏，遇到幾位文化大學東語系俄文組畢業的同學，從事於國際貿易，經常到歐亞各洲去推展貿易。他們對我說：「老師！推展歐美各國的貿易，在語言上，還不是我們所長，有朝一日，中蘇能够直接貿易，才是我們大展鴻圖的時候吶！」說來意氣風發，充滿自信。這就是臺港兩地對蘇貿易前景所以差別懸殊的最重要之原因。

國際上的大氣候，步入九十年代以後，應是共產黨灰飛煙滅的時代。行政院李院長已指出「收復大陸」絕不是「癡人說夢」，而將是「好夢成眞」。那麼，我們對光復大陸以後，再教育，再建設，再發展的各類人才，準備好了多少呢？

原載民國七十九年三月三日《青年副刊》

香港的渡輪

香港最繁華的地方，香港本島與九龍半島之間，隔了一個維多利亞港，這兩地的交通，在沒有開鑿海底隧道以前，完全靠渡輪聯絡交通，所以香港的渡輪業務，十分發達，碼頭也特別多。每天載運往來的旅客與車輛，數量之多，眞是難以計算。如果沒有這麼多的渡輪跟碼頭，港九兩地的交通，縱然有海底隧道與地下鐵路，恐怕也無法輸運這麼多往來頻繁的車輛與人羣。

香港與九龍之間，碼頭渡輪之多，只要約略地例舉，就可想見一斑。在港島方面，有港外線碼頭、港內線碼頭、有渡輪開往各離島，及九龍半島方面的深水埗、大角咀、佐敦道、尖東、荃灣；中環碼頭有渡輪開往尖沙咀、紅磡；灣仔碼頭渡輪可抵佐敦道、紅磡；北角碼頭可達九龍城、紅磡、觀塘；西灣河碼頭可往九龍城、觀塘。在九龍半島方面，有荃灣、深水埗、大角嘴、佐敦道、尖沙咀、尖東、紅磡、九龍城、觀塘等碼頭，除有渡輪開往離島外，與港島上各個碼頭，都有渡輪來往。這種縱橫交錯的水運交通，載客量大，對舒解港九兩地的交通，實在做出了鉅大的貢獻，提供了極大的方便。

近閱《中國時報》，政府準備斥資九百億新臺幣，整治淡水河，預期在民國九十年時，淡水河將可再現河清的美景，聞悉不勝雀躍。在這裏，筆者更有一層美麗的憧憬，希望我政府能提早規劃，在整治淡水河的同時，應疏濬淡水河，使河道有通航之利，並規劃幾條隔河通航的航線，例如臺北中興橋至八里鄉、淡水鎮至三重市、士林至板橋、中和至淡水等。如此一來，淡水河不僅水質改善，出現河清美景，而且得航運之利，九百億臺幣的投資，也可逐漸收回。最重要的是，可舒解淡水河兩岸的交通擠塞之苦。

到二十一世紀的時候，臺灣的人口日益增多，交通更益形繁忙，而陸地面積有限，高速公路、高速鐵路所需的土地，恐怕更難取得。發展空中航運，而興建機場，所需土地面積亦需不少，恐怕也是同樣取得不易。然臺灣四面環海，海洋寬闊，如果能好好規劃，發展海上交通，不是可以濟陸空之不足乎！碼頭所用土地，可藉塡海築成，有了大規模塡海計畫，建築業的廢土也就有了出路，甚至將來焚化後的垃圾以及發電廠的煤灰，都無用憂慮無處傾倒。我觀察香港渡輪碼頭的設置，假若能周密地規劃出環島航線，例如基隆到新竹，新竹到臺中，臺中到嘉義，嘉義到臺南，臺南到高雄，高雄到屏東，臺東到花蓮，花蓮到蘇澳，蘇澳到基隆。全部採用快速水翼船，則陸空交通的不足，就完全可以靠海運而彌補了。過年過節，繁忙時間，則可考慮加開長途班次。如果能夠做得完善，我相信現在這種一票難求的困境，自可迎刃而解了。我政府負責交通運輸的當局，是否可以考慮一下，這一計畫的可行性呢？

原載民國七十九年三月四日《青年副刊》

流芳百世與遺臭萬年

鄧小平在一九七九年就推行開放改革，當時的鄧小平重新上臺執政不久，意氣風發，破舊立新，推動改革。重用胡耀邦與趙紫陽，分別主持黨務與政務，將中國大陸引入一個嶄新的境界，使人耳目一新。在共產世界中，如鶴立鷄羣，鄧小平個兒雖矮小，形象卻偉大，吸引全球的注意力，贏得舉世的頌讚。美國《時代周刊》雜誌在推選一年一度的世界風雲人物的時候，也先後兩度挑選了鄧小平，那時鄧小平的聲望，正是如日中天，世界各國的領袖人物，都難望其項背。而全世界的中國人也都寄望於鄧小平，將中國從專制獨裁封閉的社會，領向改革開放自由民主的境域，幾乎也都認爲鄧小平會成爲中國歷史上出類拔萃流芳百世的偉人。

正當鄧小平的聲望震天價響的時候，共產祖國的蘇俄，也冒出了一個有「新思維」的總書記戈巴契夫，雖然也是同樣的一鳴驚人，但因執政不久，業績不彰，在世人的心目中，共產世界改革開放的舵手，仍非鄧小平莫屬，戈巴契夫仍舊不能相比的。

然而曾幾何時，鄧小平卻從聲望最高的聖母峯上迅速滑落，到了北京六四屠城的時候，他已跌到谷底，永世沒有翻身的希望。相反地，戈巴契夫的聲望卻越攀越高，東歐的改革浪潮，一波又一波，一浪又一浪，終於把戈巴契夫推上了聲望的頂峯，現在的戈巴契夫，已經是二十世紀最偉大的政治人物，有人稱讚他是人類歷史上最偉大的政治家，有人稱讚他爲「聖者戈巴契夫」，有人稱讚他是人類希望所寄。

因此他的一舉一動，都受到世人的讚揚。當羅馬尼亞的壽西斯古用暴力鎭壓的時候，西方國家希望他出兵平亂；當蘇聯加盟共和國發生種族衝突，他出兵敉平，西方國家都能諒解，而沒有譴責，可見全世界的人對他的寄望是多麼大啊！

現在大家都在關心戈巴契夫的安危，當他杜門謝客的時候，紐約的股市立刻下跌。然而他卻用心思考，提出一份令全世界目瞪口呆的新思維的改革計畫，要廢除憲法第六條，放棄共產黨一黨專政，提出黨政分家，要建立一個人道的民主社會主義。開拓蘇聯的新境界。這樣做不但要有極大的智慧與勇氣，這種冒險的改革，弄不好不但會喪失權力，甚至會招來殺身之禍。戈巴契夫不惑不懼，實具有大智大勇的犧牲精神，難怪舉世都豎起拇指來誇獎他。

我曾經這樣想過，假若八九年五月戈巴契夫訪問北京，鄧小平與之握手言歡以後，立刻宣佈自己年老退休，中國的事務交總書記趙紫陽去處理，自己不再過問。不管後來的政局如何發展，在世人的眼光中，他與戈巴契夫都將是共產世界的改革雙星；在中國歷史上，也將成爲流芳百世的偉人。

可惜一念之差，竟然爲了老人黨的私利而驅動坦克機槍，造成六四大屠殺，從此注定遺臭萬年永遭唾罵。而戈巴契夫所表現出來的政治家的眼光、智慧、勇氣、自信與魄力，不管今後成敗如何，一定會流芳百世，永遠爲世人所思念與樂道。

原載民國七十九年三月九日《青年副刊》

擾嚷幾時休？

開春以來，從香港電視的螢光幕上，看到中華民國政壇上擾嚷不已，讓一向擁護中華民國政府的香港僑胞，頗爲擔憂，中華民國到底那根筋不對了，在共產世界土崩瓦解的時候，一向以反共堡壘自居的寶島臺灣，卻在這關鍵時刻，爭爭吵吵，擾擾嚷嚷，無有了時，眞讓人愛得深卻痛不已。

首先是中國國民黨臨時中全會上，爲了總統副總統的提名方式起了爭執，竟導致中央黨部宋秘書長提出辭呈，可見在情緒上鬧得多麼不愉快了。接著下來的是立法院立法委員報到時，部分民進黨立委攔住老立委及遴選的海外立委報到，發生拉扯。再接下來的國民大會，好勇鬪狠的民進黨人士爲逼退年紀老邁的資深國代，不惜以拳頭暴力衝擊大會，導致大會召來警察將滋事的人帶出場外，而更遺憾的是，當現任總統李登輝先生以主人的身分宴享全體國大代表時，卻發生踢翻餐桌，打破餐具的粗暴場面，置國家元首於何地？置國家體面於何地？更可怕的是，當二月二十日立法院選舉院長時，民進黨人招來大批羣眾，以暴力衝擊立法院，與執行任務的警察發生衝突，有警官被打得滿口流血，還苦苦央求暴民後退，場外如此，場內也一塌糊塗，終導致院長選舉改期。

這一切的一切，爭爭吵吵，擾擾嚷嚷，打打鬪鬪，都起因於民主的事不以民主的方式解決，也就是不民主。先就國民黨臨時中全會說吧！總統副總統的提名方式，如果在中常會充分討論過，提出幾種方式，交由全體中委票決，不就是沒有爭論了嗎？國民黨是要以自由、民主、均富的理想統一中國的，爲什麼不從黨內先徹底實施民主的方式呢！這一爭論竟勞動了兩位院長級的中常委說話，可見決策之初，確未經充分討論。

至於民進黨在國民大會與立法院的抗爭，對象自然是萬年國會的資深國代與立委，享受了四十年的既得利益，時至今日，仍兢兢把持不放，有了退職條例，仍視若無睹，充耳不聞，不肯退位，使得國會不能大幅度更新，民意無從表達。這一千個老國代與老立委要與二千萬的民意對抗，這與大陸實行老人政治的心態有何不同？這種維護既得利益的自私自利心態，都是妨害社會民主的障礙。

民進黨最爲社會所不齒的，動不動就迷信羣眾運動，而羣眾多來自農村與基層，文化水準不高，生性粗野橫蠻，具有濃厚的地方色彩，乃至「臺獨」意識，熱中暴力，不懂得用文明的方式抗爭，民進黨人或投其所好，或爲了該黨團結而維繫他們，便不知不覺地將暴力抗爭走向越來越嚴重的地步。於是目無法紀，大打出手，甚至不惜擾亂社會秩序，危害公共安全。這種作法，怎能贏得民心？

政府能不能拋掉四十年來的包袱，資深民代能不能爲國家民族前途拿出自己的良心。如果能，將來的選舉只要得票百分之五十一，就是多數黨，制定的法律，決定的政策，就有民意支持，就可切實施行。這樣，公權力才得伸張，擾攘也才能停止。

原載民國七十九年三月十日《青年副刊》

時乎不再來

一九八九年快結束的時候，東歐共產國家突變性的民主改革，眞是令人目不暇給。不到半年的功夫，波蘭、匈牙利、東德、捷克、保加利亞、羅馬尼亞乃至於南斯拉夫，這些被共產黨統治了四十年的國家，不旋踵間，竟像一串骨牌效應一樣，一個接一個，風起雲湧，波瀾壯闊地把共產主義埋進了歷史的灰燼之中。今年開年以後，共產主義的祖國蘇聯，也在總書記戈巴契夫主導下，於今年二月召開中央全會時，決定修改憲法，廢除共產黨一黨專政，要在人道的民主的社會主義制度下，考慮直接選舉總統，以建立一個三權分立的社會制度。我國北方的外蒙古，也已春雷大震，爭取民主自由的呼聲，響徹朔漠，已經直透內蒙古了。

在全世界民主潮流的衝擊下，中共政權的八個老朽，雖仍死抱「四個堅持」而作困獸之鬭，在這個「大氣候」下，中共如果再不改革，必將成爲共產世界的孤兒，而爲民主自由的時代浪潮所淹沒。這只不過是遲早的事罷了。

中國的希望在臺灣，臺灣的前途在大陸。世界局勢的演進，對我們以自由民主均富統一中國的理想，正是促其實現的最好時機。我們舉國上下該如何集思廣益，精誠一致，注意大陸局面的發展，妥籌應用的對策。並在適當的時機，發揮雷霆一擊，早日重建自由、民主、均富的新中國。這樣好的時機，目前仍看不出政府有什麼劍及履及一新耳目的做法，能够鼓舞民心，激勵士氣。

恕我不諱言地說，似乎一切都在等待之中。從現在起，我們等待老朽的國民大會代表選舉正副總統，等到正副總統選出來後，又要等到五月二十日正式就職，然後提名內閣閣揆人選，等立法院通過，組織內閣，擬定法規條例，再等立法院審查通過，等總統明令施行，等各部會擬定施行細則。等，等，等，一等一拖，一年半載就過去了。半年的時間，東歐集團已改頭換面了，如果中國大陸也向東歐一樣迅雷不及掩耳般地改變，我們拿什麼來應急，要法例，沒有法例；要政策，沒有政策。怎麼能够在大陸開創我們的前途？怎麼能够在十億中國人前面維繫對我們的信心！

凡事豫則立，不豫則廢。八年對日抗戰，因爲勝利來得太快了，我們對於復員的計畫毫無準備，接受人員也毫無訓練，眞可以說是摸著石頭過河，最後一個洪峯到來，一切都變成了子虛烏有。幾十年來，我們有一個光復大陸設計委員會，年年坐耗國帑，不知他們設計出來的方案中，有沒有預估到今日共產世界的變化，有沒有一套半套光復大陸的計畫，可以立刻用來光復後的大陸。

我們的廠商要到大陸設廠，說不可以，去了怎麼辦！我們的演藝人員，要到大陸演出，說不可以，演了怎麼樣！我們的學者，要到大陸開會，說不可以，開了怎麼樣！整個對大陸的政策，應該有一套完整可資遵循的辦法。而不是讓躁進冒進之徒牽著鼻子走，而讓循規蹈矩信賴政府的人乾瞪眼。

原載民國七十九年三月十八日《青年副刊》

反統中共一戰如何？

統戰，統戰，中共政權成立了統戰部，利用政治、軍事、文化、經濟、體育各方面的力量，動員他可動員的一切，組織統一戰線，對我中華民國反共堡壘——臺灣，進行統戰工作，在中共尚未成功之前，或建立政權之初，他這一招，是有其一定的影響力，也對我中華民國造成了一些損害。但是經過四十年來的中共統治，在整個大陸上，已到了民窮財盡的地步，自六四屠城後，更到了民怨沸騰的境地，中國共產黨不僅是在中國大陸失盡了民心，全世界的中國人也對中國共產黨失望透頂，怨恨之極。

一九八二年，英國首相柴契爾夫人赴北京與鄧小平商談香港前途問題，摔了一個大觔斗，從此香港歸還中國就成了定論。鄧總舵主爲了利用香港問題，來對我中華民國進行統戰，乃提出所謂「一國兩制」、「港人治港」、「五十年不變」等自以爲獨特的發明。於是在中（共）英簽訂聯合聲明後，就煞有介事地成立「諮委會」、「草委會」來草擬「香港基本法」，經過五年裝模作樣地搜集香港民眾的意見，實際上只是故弄虛玄，淆亂視聽，蔽人耳目而已。而基本法最後定案，依然是中共的原案，香港草委只不過是半個橡皮圖章罷了。難怪基本法草委最後一次大會結束，草案修改完成，鄧總舵主要志得意滿地說，這是「具有歷史意義的，有國際意義的創造性的傑作。」但是在香港卻馬上就出現了「對抗性」焚燒基本法的場面。於六四後被撤除草委身分的民主派人士司徒華先生，在反對基本法集會時說，要爲建立香港的民主制度鬪爭五十年，甚至一百年。

我中華民國政府自始至終，除了不承認中（共）英的聯合聲明外，就一直對香港前途沒有發表過強有力的聲明，也沒有提出維護港人民主自由切實可行的方案。記得在一九八三年的時候，鄧小平曾提出爲中國的統一舉行國共談判，當時在我方堅持「三不政策」的時候，自然是不予理會。

不過時過境遷，情勢在變，我們的政策也可作彈性的調整。在今年三月二十日總統選舉塵埃落定以後，瞬卽由國家最高行政首長，行政院長向立法院鄭重宣布，基於中共政權香港基本法定案後，引起香港人民的強烈反對。爲了穩定香港人民的信心，確保香港的繁榮穩定，維護香港人民的自由與民主。又基於香港於一九九七年後，主權歸還中國，香港是中國人的香港，所以我政府有權爲徹底建立香港的民主政制而提供建議。故鄭重聲明，爲了香港建立民主政制，我政府願放棄三不政策，與中共政權作政府與政府間的對等談判，並邀請在野黨派代表參加代表團，談判地點可在香港、北京，輪流舉行。我相信這一反統中共之戰的政策提出後，一定可以振奮香港的人心，並影響全世界華人的觀瞻。把這一燙手山芋丟給中共以後，不管他同意不同意，對我們都是有利無害的。不知執政當局以爲可行否？

原載民國七十九年三月二十六日《青年副刊》

蘇東坡的政治睿識

九百多年前的北宋，中國出了一位曠古未有的傑出文學家，他就是蘇軾，字子瞻，號東坡居士，國人習慣稱他爲蘇東坡。他在文學上的成就，大家都已耳熟能詳。其實蘇東坡代表了中國讀書人的風格，也是中國讀書人的典範，更是士這一階層的人，所要效法模仿懸爲鵠的之標準。《宋史》本傳說他：「挺挺大節，羣臣無出其右。」雖然蘇軾活著的時候，曾受小人的忌惡擠排，一度還被關進御史臺的監獄；到了六十歲的高齡，還被當時的宰相貶謫到海外蠻荒之地的海南島，可以說是飽受折磨了。但人的一生爲忠、爲奸、爲君子、爲小人，不到蓋棺論定，是很難判斷的。

《宋史·蘇軾傳論》，可以說是對蘇軾一生蓋棺論定了的。〈傳論〉說他：「器識之閎偉，議論之卓犖，文章之雄雋，政事之精明，四者皆能以特立之志爲之主，而以邁往之氣輔之，故意之所向，言足以達其有猷，行足以遂其有爲，至於禍患之來，節義足以固其有守，皆志與氣所爲也。」特立之志就是有獨立的意志，不爲利誘，不爲威迫，行其所當行，爲其所當爲：所謂邁往之氣，就是孟子所言：「自反而縮，雖千萬人吾往矣。」的浩然正氣。《宋史・傳論》最後的幾句評斷，我覺得最足以代表蘇軾的立身行事。〈傳論〉說：「或謂軾稍自韜戢，雖不獲柄用，亦當免禍；雖然，假令軾以是而易其所為，尚得為軾哉！」蘇軾之所以為蘇軾，就在他的不易所為而求免禍的氣質。所以蘇軾這兩個字，就代表了中國文化所陶冶出來的讀書人的典範，一提到蘇軾，就顯現了孟子所說的「富貴不能淫，貧賤不能移，威武不能屈」大丈夫的典型。

宋神宗熙寧年間，王安石執政，推行新法。蘇軾站在反對的立場，蘇軾所反對的並不全然是王安石的新法。而是對王氏剛愎自是，堅持己見，不能容納異見，堅持統一思想的立場，大肆駁斥。他在〈與張文潛書〉中說：「文字之衰，未有如今日者也。其源實出於王氏，王氏之文，未必不善也，而患在好使人同己，自孔子不能使人同，顏淵之仁，子路之勇，不能以相移，而王氏欲以其學同天下，地之美者，同於生物，不同於所生。惟荒瘠斥鹵之地，瀰望皆黃茅白葦，此則王氏之同也。」蘇軾並不否認王安石本人的文章寫得不錯，但是不管你的文章是多麼地好，你不能強迫天下人與你同一個調調。這樣統一文體，統一言論，統一思想的結果，最後只能得到一些人云亦云毫無獨立思想的廢話，就像荒鹵之地只長一些黃茅白葦毫無用處的野草一樣。

蘇軾歷仕仁宗、神宗、哲宗各朝，因為仁宗因循守舊，所以他勸仁宗勵精圖治，果斷力行；神宗奮發有為，他就勸神宗忠恕仁厚，屈己裕人；哲宗初政，盡廢新法，復行仁宗舊章。他乃強調新法不可盡廢，而宜參用所長。他為什麼在歷朝都唱反調呢？蘇軾在哲宗元祐二年辯試館職策問劄子說：「臣聞聖人之治天下也，寬猛相資；君臣之間，可否相濟。若上之所可，不問其是非，下亦可之；上之所否，不問其曲折，下亦否之，則是晏子所謂以水濟水，誰能食之？」這是說，要用不同的調味品料，才能作成可口的羹湯；不同的樂器聲調，才能構成悅耳的音樂。寬猛相資，可否相濟，才能達到聖人之治。太單調，太劃一，沒有不同的意見，人人都存「觀望希合之心」，那是無補於時政的。

蘇軾又率直地批評了神宗、哲宗兩朝官員的心態，他〈與楊元素書〉說：「昔之君子，惟荆（荆國公王安石）是師；今之君子，惟溫（溫國公司馬公）是隨（隨聲附和），所隨不同，其為隨一也。老弟（蘇軾自稱）與溫相知至深，始終無間，然多不隨耳。」蘇軾九百多年前所發表的政治睿識，不知有無值得我們現在借鑑的地方。

原載民國七十九年四月二日《青年副刊》

得獎感言

香港浸會學院自一九八八年開始，每年的學生週活動項目中，有一項就是由各系學生票選其心目中的最佳教師，每系三名，因爲浸會學院是採用英國式的三年制，每系三名，也就是每一個年級推選一名。今年筆者被浸會學院中文系三年級的學生，票選爲三年級任課教師中的最佳教師，並由全校學生會在全校教師聚會日贈予最佳教師獎獎牌，這是學生對老師的最好回饋，也是做老師的最大的安慰。

我在臺灣師範大學教了二十幾年書，一般來說，大部分的學生對老師都相當尊敬，近幾年來臺灣生活日益改善，社會日益富裕，學生們爲了酬謝教師的辛勞，往往會在教師節的前後，或者學期結束時，獻上一束鮮花，表示他們的一番心意。就我在臺灣各大學執教二十幾年的經驗，我的感受，無論是在校的或者是已經畢業的學生，對我個人都保持著相當的尊敬，使我得到相當大的安慰。也策勵著自己更兢兢業業地上課，永遠執持那一份敬業精神，不敢懈怠，不敢馬虎。我常跟我的學生說，書教得好不好，不在於學生的稱揚，也不在乎同事的推譽，更不在乎主管機關的表彰，那完全在於自己的內心，如人飲水，冷暖自知。當我自己教完了一堂課，走下堂來，步履輕鬆的時候，已經可以問心無愧了：如果是垂頭喪氣，步履沈重，縱然學生沒有表示不滿，自己也應虛心檢討了。

臺灣學術界很強調教師的學術研究，尤其是在大專院校方面，提倡學術研究是不錯的，經常有著作刊行，論文發表，這說明他經常研究不息，吸取新知，豐富學識方面有一定的進展，而對於教學方面也是有一定的幫助。但是教師的主要職責卻是教學，研究成績豐富，學術論文眾多，卻未必在教學上也一定優良。漢代的揚雄，無論在中國學術上那一方面，在當代都是一時無兩的。在義理方面，有《太玄》、《法言》等巨著；在小學方面，有《方言》、《訓纂》等宏篇；在詞章方面，有〈長楊〉、〈羽獵〉等大賦。但卻困於口吃，不善於表達。學術研究的成績是客觀的，是容易計算的，也是理性的，比較容易評價的。教學技巧的良窳是主觀的，是難以論斷的，是感性的，是需要學生感受的。

主管教育學術的教育部，對於各級教師的考績，往往授權於各級校長憑其個人主觀上的喜惡，而從來沒有一套客觀的方法，行之歐美各大學由學生對教師的評鑑制度，亦因數千年來尊師重道的觀念而不敢採行，更由於當年大陸的失敗，部分由於學生運動的影響，對於由學生涉及與校務有關的教師評鑑，更是深具戒心，不敢輕易嘗試。但是社會在變，制度也應作適當的調適。否則，怎麼樣才能鼓勵教師上進呢？讓學術研究與教學俱優的人，與不學無術的學界痞子共處一堂，無所軒輊，這樣的制度是合理的嗎？

原載民國七十九年四月三日《青年副刊》

勞工不足問題

石化工業鉅子王永慶，在今年春節前被迫赴大陸接洽投資設廠問題，一時成爲臺灣各報的頭條新聞。現在雖因總統副總統的選舉，騰嚷一時，使這則新聞暫時冷卻下去，但問題仍然存在，並未獲得解決。王永慶先生所以被迫赴大陸洽談投資設廠的因素固然很多，但勞工不足，則爲其一主要原因。

臺灣社會金錢遊戲之風太甚，社會上部分的人投機股票，賺錢容易，人人工作意願低落，失去勤勞的美德，工廠找不到工人，經濟發展要怎樣去推動呢？難怪有爲有守的經濟部次長王建煊先生憂心如焚，都要辭職不幹了。須知經濟能夠發展，股票市場才能昌盛，現在大家一窩蜂地捨本逐末，難怪有識之士憂心不已。

本來經濟發展到一定程度，勞工不足，勢所必然。美國容納了大量的拉丁美洲的勞工，西歐國家接受了東歐的移民，新加坡接受馬來西亞和印度人，香港接受中國大陸和其他東南亞地區的移民而受惠而繁榮，從這些成功的先例看來，本地勞工不足的問題，遲早都會湧現。因爲經濟長期穩定增長，實際上造成完全就業；社會日漸富饒，出生率急遽下降；教育水準提高，粗重工作意願不高。由於這些因素，所以在建築業、製造業、紡織業各行業中，均出現勞工不足的問題，再加上金錢遊戲的影響，這一問題，就更形嚴重了。

去年十月行政院會曾討論由經建會與勞委會所提出的十四項重要建設工程人力需求因應措施方案，原則同意開放外籍勞工來臺工作。三月十日的《明報》消息，謂我政府當局的大陸政策將可能出現巨大變化，正考慮開放臺灣在福建廣東兩地的直接經濟貿易投資活動，逐漸放棄「三不政策」。

開放外籍勞工來臺，因語言與生活習慣的不同，在情意溝通上較爲困難，易起誤會而導致糾紛，影響到社會的安寧。開放到大陸的福建廣東兩省去投資設廠，假若爲解決夕陽工業的問題，固無不可。如果沒有限制，甚麼工廠都到大陸去投資，則容易造成臺灣本地空廠情況。而且在大陸投資設廠，一切都受中共控制，這不是將我們國家的經濟命脈交給敵人控制嗎？

我們在香港的朋友常常聚會，討論一些問題。有人提到，既然勞工缺乏，政府又將打破「三不政策」，爲何不有計畫地進口大陸勞工呢？既沒有語言的障礙，自然沒有溝通的困難，職訓工作也容易進行。假如分批按需求進口大陸勞工，明訂合約，規定年限，到時更換另外一批。這樣有計畫地不斷推行，既解決了我們勞工不足的問題，也幫助了大陸部分同胞改善經濟生活。更重要的是，這批大陸同胞在自由平等的社會生活久了，感受了自由民主的薰陶，回到大陸，不須著意地宣傳，只要據實報導，不就是把自由民主的種子廣爲傳播了嗎？

原載民國七十九年四月八日《青年副刊》

喜柴玲脫險

筆者曾經以柴玲爲題材，塡了兩闋詞。一闋是去年十一月二十五日塡的，當時報上登載各種有關柴玲的消息很多，有的說她遭中共暗中處決了，有的說她被關起來了，有的說她藏在某國使館中，有的說她藏在內蒙古草原上……每次傳聞，都使海內外千千萬萬的人們，爲之引發時悲時喜的悸動。我塡了一闋〈蝶戀花〉，題目是〈有懷柴玲〉，用的是蘇東坡〈雨後春容清更麗〉那闋詞的韻。

玉質冰容晶淨麗。拋此丹心，報國明如洗。往事今成東逝水。悠悠何覓堆雲髻。
黯䵟神州千萬里。億兆男兒，生死都無計。每聽傳音人已醉。窮途滴盡英雌淚。

今年淸明節，得知柴玲與其夫封從德逃出生天，已抵法國巴黎，爲之狂喜，又塡了一闋〈南鄉子〉詞，題爲〈喜柴玲脫險〉，用的是蘇東坡〈東武望餘杭〉那闋詞韻。

鐵幕得梯杭。民主英雌出渺茫。且喜艱危成過去，他鄉。猶可驅馳逐鹿場。

舉世共傾觴。一滌長年九轉腸。卻笑屠夫渾不省，墳塘。終究當埋鄧李楊。

柴玲逃出魔掌的消息，套一句鄧小平的話，「這是有歷史意義的，有國際意義的」，這不僅關係柴玲個人的生死，這象徵了整個大陸人心的向背。柴玲是中共通緝追捕的學運領袖，列在通緝令上數一數二的人物，中共出動了黨和政府，公開和秘密兩個系統的警察與特務，加上街坊居民中的積極分子，不啻佈置了一張特務的天羅地網。窮十個月的時間，而竟讓柴玲夫婦雙雙逃出生天，這眞是太具有「歷史的意義」了。這個意義就是中國大陸上的人民，十個月來在坦克機槍下，顯得沈默而無能爲力，而實際上是勇敢地向中共殘暴集團挑戰，他們掩護柴玲藏匿，他們幫助柴玲逃亡，他們幫柴玲僞造各種證件，欺騙中共的軍警特務，他們爲柴玲尋覓逃出國境的通道。歷經十個月的東西南北各方的躲藏，不僅沒有一個半個告密的人，而且縱然事後被查到，也寧願受牽累而不透露踪跡。他們爲這對被中共通緝追捕的學運領袖冒著殺頭危險才能做的事情，他們是千千萬萬沈默的中國人！

歐美港澳臺的記者眞聰明，在李鵬的記者會上，讓李鵬當著全國人民之面，在「中央電視臺」直播鏡頭中，承認柴玲逃出了大陸。雖然李鵬說：「中國這麼大，跑一兩個出去也不奇怪。」大陸同胞知道，幫助這一兩個人跑出去的，正是千千萬萬的中國人，甚至有共產黨人，有統治集團內部的人。沒有他們的幫助，這兩個被全面追緝的刑事犯，怎麼能够逃出生天啊！這一當衆的直播，鼓舞了那些幫助過柴玲的同胞，也激勵了那些尚未逃出大陸的民運人士。他們更有信心了，全國的人民都是他們的後盾。古人說：「民猶水也，可以載舟，也可以覆舟。」我們可以期待著大陸上的滔滔洪水，就即將要把這個殘暴不仁的共產孤舟給傾覆沈沒了。

原載民國七十九年四月二十九日《青年副刊》

欣見國內政情祥和

我中華民國政府與社會，開春以來，整體運作，失去了章法，似乎紛紛擾擾，無有了時。最初是國民黨臨中全會，爲提名總統副總統候選人，應該票選抑起立的方式而起了爭執，繼又有國民大會內提名雙李抑林蔣而相持不下。至於民進黨的國大代表在總統邀宴席上，連連掀翻數桌酒席的粗暴行爲，在螢光幕上，更是醜態畢露。中正紀念堂的暴民鋸旗杆燒國旗的舉動，簡直是無法無天。以至於青年學子廣場靜坐與絕食，爲民主改革而抗爭等，這一切的擾攘紛爭，就像濃雲密霧，籠罩在臺北上空，迷茫一片，讓擁護中華民國的海外僑民，感到格外的痛心與迷惘，也鬱積了太多的焦慮與憂思。

然自四月二日下午，李登輝總統在總統府以茶會款待民進黨主席黃信介先生，交換國是意見後，國內的政情，有如撥雲霧見青天，顯得特別祥和，足見當代政治家的政治良心與智慧，比起北京那批老朽來，還是高出太多，值得人民信賴。

李總統指出，今後我們的國家必然要循自由民主的大道前進，以往由於客觀環境的種種限制，任何興革措施，不能不顧及社會安定及先後緩急。總統更表示，目前政黨政治條件已經成熟，今後希望在各黨良性競爭與互動下，奠立國家長治久安的基礎。

民進黨主席黃信介先生，對於李總統開朗的作風與卓越的領導，亦深表欽佩。認爲良好的溝通，必能促進社會的團結與和諧。而民進黨所提黨政體制改革具體時間表，徹底落實政黨政治，平反政治案件，切實維護社會治安，落實社會福利等多項建議，李總統都以坦誠負責的態度答覆，表示這些目標應可在兩年的時間內達成。

由於國內政情漸趨祥和，筆者以爲無論國民黨也好，民進黨也好，其他的政黨也好，應該具有共同的認識，治國的方法與手段容有不同，但對於治國的主體——國家，應該有一致的認識，也就是認同在中華民國體制下，進行競爭，在心態上及行動上，不能仇視中華民國，更不能把中華民國看成敵對的政體，因此不能拒絕中華民國的正朔，污辱中華民國的國旗。只有在這種體認下，在共同的體制內，談政黨政治，政黨競爭才有意義，國內政情才能永保祥和。

國內近年政情的紛擾，一些狹隘的地域觀念與分離意識，對國家的認同感形成日趨否定的傾向，特別是「臺獨」及其同路人，那種背叛國家，推翻國家的明目張膽的行爲，才是眞正紛擾的根源。這種心態不去，我們的國家將永無寧日。希望國內有良心的政治家，針對這一嚴重的問題，迅獲解決之道。

當前的世局，東歐徹底變天，蘇聯放棄一黨專政，外蒙也推行多黨政治，整個世界都在自由民主潮流衝擊之下，迅速地在改變中，這一世界性的民主潮流正四面八方衝擊中共專制集團的四個堅持。時代正在考驗我們，我們也正可以創造時代。千載的良機，就看我中華民國的政治家們怎麼樣去把握了。

原載民國七十九年四月三十日《青年副刊》

國旗國歌與黨旗黨歌

新當選的立法委員郁慕明先生，建議國民黨檢討黨旗黨歌，希望將黨與國劃清界限，身爲國民黨員的郁委員這一建議，筆者覺得國民黨中央應該鄭重考慮，徵詢全黨黨員的意見作適度的調整。

讀過近代史的人都知道，現在國民黨青天白日的黨旗，是先烈陸皓東先生設計製造的。後來，國父孫中山先生再以這幅黨旗爲中心，設計出中華民國青天白日滿地紅的國旗，這幅國旗在民國十七年北伐統一全國後，就一直是全國人民心目中國家的象徵，上海保衛戰四行倉庫謝晉元團長孤軍抗敵，女童軍泅水送達國旗的故事，已是膾炙人口的愛國義行了。而且青天白日滿地紅的國旗，彩色顯明，意義重大，在全國人民與海外華僑的心中，早已是中華民國國家的代表。而國旗上的青天白日徽號，也就成了國徽，凡是國家的財產都可漆上國徽，國家軍隊的軍徽也使用國徽。

但是，青天白日旗既是國民黨的黨旗，青天白日徽也就是國民黨的黨徽了，凡是國民黨的機構與財產也都可以漆上黨徽。這樣一來，黨與國就混淆了，黨與國就不分了。國旗上有黨徽，在施行民主政治，推行政黨政治的今日，要所有的反對黨對有國民黨標誌的國旗致敬，這就有些強人所難了，在理論上講，民進黨所以遲遲不肯對有國民黨標誌青天白日的國旗認同，也是有他的道理的。我想，郁委員的建議，也或許是從這裏設想的。

國旗是　國父設計製造，又久爲全國人民與海外華僑所認同，那麼，國旗是不可以改變的，要劃清國與黨的界限，只有改變國民黨的黨旗了。國民黨推翻了滿清，創建了中華民國，國民黨的總理又把國民黨的黨旗奉獻給國旗，國民黨的黨員就應該大公無私繼志承烈，不應再把青天白日旗據爲己有了。我在電影院演奏國歌的片頭上，看到一幅畫面，在中華民國的地圖上放置一本《三民主義》，發出萬丈光芒，如果把這一幅畫面製成黨旗，不正是與現在的黨歌「三民主義，吾黨所宗」，歌詞相配合嗎？

目前的黨歌與國歌也是不分的，黨與國既要劃清界限，做了黨歌，就不能再做國歌了。而且現在的黨歌原是孫總理對黨員的訓詞，做黨歌可以，做國歌就不太適宜，而且歌詞與國旗也不配合。最能與國旗配合的歌詞，就是國旗歌「山川壯麗，物產豐隆。炎黃世冑，東亞稱雄。……青天白日滿地紅。」那首歌詞了。所以我建議由下屆立法院訂立國旗法，正式宣布中華民國的國旗與國歌，就以青天白日滿地紅的旗幟爲國旗，將國旗歌改爲國歌。全國人民均應尊敬敬禮，各黨派的旗歌不得與之相同。不知有關當局與郁委員以爲如何。

原載民國七十九年五月八日《青年副刊》

臺港關係

我從臺灣來香港任教，對兩地都有一分關注的情懷，在香港如果不能獲得臺灣的訊息，那就好像天地閉塞一樣。去年北京天安門驚天動地的變動，中共政權就把港澳與臺灣的記者劃爲一類，稱爲港澳臺記者，這是很自然的，因爲港澳臺是開放的社會，記者先生都可自由採訪，與中共政權下那些奉命寫稿的記者，當然典型就不同了。所以無論從那個角度來看，臺灣與香港都沒有交惡的理由，而且爲了中國前途長遠的打算，不但不能交惡，更要敦睦彼此的關係。

然而情勢的發展，竟大料不然，事緣三月二十二日晚，因桃園中正機場受濃霧影響而關閉，將近一千位臺灣旅客，被迫滯留香港啟德機場，遭到香港人民入境事務處的差別待遇，遭受歧視。從香港電視臺的螢光幕上，看到這麼多的國人在機場過境室，橫七八豎，東躺西歪，的確曾引起內心的憤怒，認爲莫大的恥辱。因而引發一連串抵制香港的風波。「冰凍三尺，非一日之寒」，機場滯留事件，只不過是導火線，臺灣反對香港的癥結，是對香港入境簽證的極度不滿。基本原因是港英政府只承認北京政權，與臺北無外交關係，港英官員就有意無意地對臺灣刁難，以討好北京，於是對臺灣人民申請入境簽證，所需的時間及手續，比其他地方要長得多，繁複得多，更可惡的，搞一個旅行團體簽證，一人有故，影響整個團體的行動，給旅客造成極度的不便。所以消費者一發起抗議的呼聲，很快就演變成旅遊業界的「三拒運動」，加上傳播媒介的大肆報導，一呼百應，抵制香港，就如火如荼地展開。這是因爲各人都有共鳴，積壓多年的不滿、忿怒、挫折，就像火山爆發一樣，一發不可收拾了。站在從臺灣來香港的一分子，我們是可以體會臺灣人民忍無可忍的心情。

但是臺灣的排拒香港運動，在進行的過程中，也不少顯現非理性的行動，値得我們自己省思。就以「三拒運動」來說吧！拒辦香港旅遊簽證，以便香港旅遊業向香港政府施加壓力，那是很好的，因爲近年數以百萬計的臺灣遊客，已是香港旅遊業界的第二大主顧，失掉這個主顧，香港旅遊業是損失不起的。因此他們一定會配合臺灣的拒辦運動，向港府施加壓力，要求改善簽證手續。至於拒購港貨，拒看香港電影，這就有些酸葡萄心理，小家子器度，港貨比臺貨便宜，爲甚麼要拒購！香港電影比臺灣拍得好，爲甚麼要拒看！至於發展到後來拒載港客，駡香港人爲「香港狗，亡國奴」，這就完全是意氣用事，毫無理性的行爲。歧視我們臺灣人民的，只是港英政府，與全體香港人何干！爲甚麼要出口傷人！香港人，臺灣人都是中國同胞，「本是同根生，相煎何太急」啊！

我衷心期望，爲了兩地人民的利益，爲了中國未來的前途，臺灣香港近年建立的交流與合作必須繼續下去，不要感情衝動，應該以理性的思維，去調適雙方的看法。臺灣與香港，合則兩利，分則兩害，希望雙方有識之士皆能排除偏見，促進瞭解，進而互相提攜，互相合作，爲兩地人民謀取最大的利益，爲中國的前途貢獻最大的力量。

原載民國七十九年五月九日《青年副刊》

富而好禮

《論語・學而篇》：「子貢曰：『貧而無諂，富而無驕，何如？』子曰：『可也。未若貧而樂，富而好禮者也。』」在今日的臺灣讀《論語》上這一段話，更足以發人深省。四十年來的經濟建設，臺灣達到了中國歷史上從來沒有的富足之境。近數年來盛行的金錢遊戲，更使得一部分人在極短暫的時間內，不勞而獲地躋身於百萬甚至於千萬富豪之列。金錢得來既然容易，表現於外的，自然是驕傲自大不可一世，難怪臺灣人被人看成財大氣粗的暴發戶了。

香港《星島日報》專欄作家艾怡先生，在他的《西灣集》裏，描述他在深圳的一間外資酒店，看到一幕臺灣人士上演的鬧劇。根據大陸的規定，深圳的外資酒店只可以收取港幣和外匯券，其他外幣一律不收。有一個臺灣男子正是為了這個問題，跟酒店櫃臺職員爭吵不休。那個臺灣男子穿著整齊，穿西服，白襯衫，結領帶，看來像個做生意的。他生氣的原因，是因酒店堅持只收港幣或外匯券，而他身上只有美金。他故意將手提包打開，那裏面有一疊厚厚的一百元面額的美鈔。他炫耀一番，語帶譏誚地說：「全世界都收美金啦！你們卻不收，眞是豈有此理！」

艾怡先生筆下的臺灣男子，穿西服，白襯衫，結領帶，不像是沒有受過教育的人，但那種依仗財勢，意氣凌人，不可一世的嘴臉，那裏像是有教養的人。雖然這樣的人，在臺灣的中華民國國民中，只屬極少數。但俗話說：「一粒老鼠屎，攪壞一鍋粥。」極少數人的行爲不檢，也足以影響全體國民的聲譽。

中國自古以來就是禮義之邦，中華民族向來就是講究禮節的民族。看一看我們在周秦兩漢的時代，就有《周禮》、《儀禮》、《禮記》等專門講述禮節的經書，就可以體會我們的先祖是多麼地重視了。儒家的孔子更是積極提倡以禮治國的聖人，一部《論語》，談到禮的章節，更是數不勝數！

可惜往聖先賢這麼好的遺產，我們教育當局不在學童入學就讀時教會他們。卻教一些「天亮了，我起來了，太陽也起來了。我起得早，太陽也起得早。我天天早起，太陽也天天早起。」上學第一課，教小孩子就以自我爲中心，連宇宙太陽都要跟著他打轉。這樣教育出來的國民，完全以自我爲中心，他那裏會去注意人際關係，會去重視禮貌呢？

在歐美各國，銀行櫃員也好，郵局職員也好，政府人員也好，看見顧客進來，一定擡頭眼看對方，笑著說：「我能幫您什麼忙嗎？」多有禮貌。在我們國家，一定低頭先忙完他自己的工作，讓顧客在那裏乾等，多麼冷漠無禮！這是不是從小灌注的自我中心作祟呢？請我們的教育當局好好深思吧！

原載民國七十九年五月十八日《青年副刊》

九龍城寨與七號公園

九龍城寨在九龍半島上，原先是清政府設立的城堡，建於一八四七年，築有城牆為界，當時駐有清兵一旅。一八九八年，英國政府租借九龍界限街以北的新界領土時，九龍城寨雖在租借地範圍之內，但租借條約上卻訂明該處仍歸清朝管轄。所以清兵撤退後，英港政府仍無權管治。一九四八年，香港政府曾試圖插手管治城寨，但遭我中華民國政府的抗議而作罷。故一直以來，九龍城寨都是一個三不管的地帶，城寨之內，居民擁擠，良莠混雜，黑社會分子橫行，聚賭販毒，無所不為。是香港治安的死角，也是九龍半島上的毒癌。一九八七年一月，香港政府徵得中共政權的同意，宣布將此城寨在三年之內拆除，改建為現代的公園。

但是，城寨內居有九千四百個住戶，寨內高樓櫛比，高達數十層，除住家外，更有廠房、店舖、診所、攤販等各式各樣賴以謀生的居民，要予清拆，談何容易！然而港府與九龍城區議會合作，挨家逐戶去談拆遷補償的問題，因此城寨住戶首二期搬遷補償的工作，已接近完成，除了仍有五百多戶留於城寨內，等待進一步洽談補償問題外，差不多九成半的住戶都已遷出。而第三期搬遷補償的建議書，也將從下月起寄往受影響的二千三百三十戶。拆遷的工作雖較預定完成的時間延後，但在一九九二年城寨應可清拆完畢，到時九龍城寨將以一個現代化公園的嶄新姿態，提供給香港市民作爲休憩活動的場所。

九龍城寨改建爲公園之議，遠比臺北市的七號公園爲遲，但香港政府卽說卽做，不只是紙上談兵，故終於有預定完工的期限。反觀我們臺北市的七號公園，坐落在建國南路、新生南路、和平東路與信義路四條大道相圍繞的中心地帶，國外來的貴賓與遊客，從高速公路一轉進建國南路，接觸眼簾的，卻是這大片旣髒且亂的低矮違建，與四週的高樓大廈，與寬敞整潔的大道，正成強烈的對比，也可以說是臺北市中心的毒瘤。七號公園的藍圖已屢經報紙報導過，應不應該建立體育館，也經過了市議會討論。而且經歷了高玉樹、張豐緒、林洋港、李登輝、楊金欉、許水德等多位前任市長，迄今仍在紙上談兵階段，以上六位前任市長，除楊金欉先生外，其他各位今更上層樓，擔任中樞的重要職位。

前些日子，在香港報刊，看到臺北市現任市長吳伯雄先生熱淚盈眶。我建議吳市長與其輕拋熱淚，何如埋頭苦幹，咬緊牙關，在您的任期內，把七號公園開闢出來，建設爲一個現代化的公園。將來臺北市的市民憩息在這個現代化的公園，看到園中的一草一木都會想起吳市長的勞績與貢獻。市民思念市長的建設，說不定也像〈甘棠詩〉歌詠召伯一樣，讚美市長而歌詠道：

蔽芾甘棠，勿翦勿伐，市長所茇。
蔽芾甘棠，勿翦勿敗，市長所憩。
蔽芾甘棠，勿翦勿拜，市長所說。

退一步想，萬一遭遇特權分子重大阻撓，使建設工作無法推展，也希望吳市長把癥結公布出來。我相信幾位前任市長，今既任中樞要職，一定會支持您的，更何況有廣大的市民作您的後盾呢！

原載民國七十九年五月二十三日《青年副刊》

誰在干政？

總統就職的同一天，以民進黨爲主導的反軍人干政的大遊行，卻在臺北市內進行，從香港電視的螢光幕上，看到遊行羣眾蓄意地攻擊，預先携帶鐵條等武器，砸爛軍政機構的窗戶玻璃，焚燒國民黨的黨旗，拆下國民黨黨部的門牌，以預先挾藏的石頭鷄蛋等丢擲窗戶與防暴警察等。看了以後，內心實不能無感，而尤令人不解的是部分大專學生，打著「全學聯」的招牌，搖旗吶喊，以反對軍人干政爲名，遂行騷擾治安，製造混亂之實。

甚麼是軍人干政？軍人憑藉著軍隊武力，超越軍人的本分，干預政治的正常運作，甚至推翻民選政府，製造軍事政變。像菲律賓某些軍事將領屢次叛變，不服從柯拉容總統的指揮，或某些中南美洲與非洲國家的軍事強人推翻文人政府，實行軍事管制，這樣才算軍人干政。

李總統提名國防部長郝柏村先生爲行政院長，奉命組閣。李總統沒有與郝柏村部長商討請他組閣之前，連郝部長自己都不知道自己是未來行政院長人選，而且在出任國防部長的時侯，就已辦妥了外職停役，現在正式除役後，已非屬軍人身分，更是與軍人干政扯不上關係。

英國前首相邱吉爾曾兩度組閣，擔任首相，是英國薩德赫斯特軍事學院畢業，做過海軍大臣與陸軍大臣，是道地的軍人；美國艾森豪總統，第二次世界大戰時的歐洲盟軍統帥，北約第一任的盟軍總司令，卻兩度獲選爲美國總統；法國戴高樂將軍，那一身軍服的穿戴，至今記憶猶新，也獲選爲法國總統。從來沒聽過英、美、法三國的反對黨、大學生、蛋頭學者指責爲「軍人干政」！爲甚麼郝柏村奉命組閣就變成了「軍人干政」！這是那門子邏輯！何況總統提名的行政院長人選，還需要經過立法院的多數同意。立法院中民進黨是少數黨，憑甚麼打出「全民反對軍人干政」的名義！臺灣有兩千萬人民，一萬名羣眾就可代表「全民」，就有權胡作非爲！塗污公共場所！破壞公共機關！消耗全民所納的稅款！

民進黨爲反對而反對，總要尋找出種種理由，那怕是似是而非，來找執政黨的痲煩，這猶可說。因爲民進黨不把執政黨鬪臭鬪垮，他永遠都是在野黨。但是大專學生也以反對「軍人干政」作爲訴求的口號而靜坐遊行，那不是太沒有獨立思維了嗎？難道總統提名行政院長，不經立法院同意而要經你們「全學聯」同意才算數嗎？如果是這樣，就不是「軍人干政」，而是「學生干政」了。

原載民國七十九年五月三十一日《青年副刊》

民主女神號

法國《現時》雜誌首先發起籌辦「民主女神號」廣播船，得到許多令人尊敬的法國友人的支持，與世界上多個傳播媒體的贊助，終於把一艘地球物理考察船，改裝成八九天安門民運的象徵——民主女神號。這艘勇敢與正義之船，開航後即遭到中共政權的干擾與恐嚇，但是勇敢的法國友人與世界具有正義感的國家政府，並沒有被中共嚇倒，照樣給與支持與補給。

民主女神號在新加坡接受補給後，它的行程遭遇了一些困擾，本來航程指向香港，希望在香港重新獲得補給，香港政府在中共政權強大壓力下，由港督衛奕信爵士發表談話，公開宣布不歡迎民主女神號來港。該船不得已只得駛向反共堡壘臺灣的基隆港尋求給養。

今閱《香港時報》，欣見民主女神號終於在「饑餓的五・一三」這天，駛進了基隆港，並受到我國民間團體與中外記者的熱烈歡迎，但很遺憾的是，正在訪臺的民陣主席嚴家其先生，竟遭受我國警察的阻攔，未能親自登上民主女神號表達歡迎之意，立法委員郁慕明先生認為這事值得商榷。我國現在是否放棄了反共的國策？究竟還是不是一個反共的國家？如果是的，那末就應該對世界上反共的人士，與支持反共人士的朋友，給予道義上的支持與聲援，筆者非常贊同郁委員的見解，期望我政府不必恐懼中共的指責與恐嚇，這個政權可以出動坦克機槍屠殺無辜，怎麼還能聽命於它，只問事情對與不對，對則見義勇爲，義無反顧。否則一句「破壞海峽兩岸關係」，豈止民主女神號！何事不可藉口呢？我政府施行實質外交，它說你搞一中一臺；我政府施行民主選舉，它說你僞總統，僞立法院，那一樣不是破壞海峽兩岸的關係！除非你屈從它的一國兩制，把自己貶爲地方政府，俯首聽命。

歷史上，軟弱、偏安，只不過苟延殘喘罷了，惟有挺起脊椎骨，不畏強權，才能振作，才可圖存。三國時候，魏王曹操初下荊州，率八十三萬人馬，橫槊渡江。東吳危急，但孫權不屈，周瑜以寡敵眾，火燒赤壁，奠立三分的局面。「遙想公瑾當年，小喬初嫁了，雄姿英發，羽扇綸巾，談笑間，強虜灰飛煙滅。」難怪蘇東坡要發出由衷的贊歎了。東晉的時候，前秦國主符堅，率百萬雄師，曾經自詡投鞭足以斷流，但謝安不被他的氣勢所懾服，令其子姪輩謝玄等，奮力抵抗，淝水一戰，八公山草木皆兵，符堅在風聲鷄唳皆疑伏兵的氣氛下，大敗而逃，相反的，看看南唐李後主，對於宋太祖太宗，執禮不可謂不恭，事奉不可謂不謹，要朝貢就朝貢，要稱臣就稱臣，這樣的恭謹，保得了南唐的宗廟社稷嗎？保得了自己的性命嗎？「四十年來家國，三千里地山河」，只落得「一旦歸爲臣虜」而已，亡國之恨的李後主就是對敵人太軟弱了，難怪他要喃喃地吟道：「問君能有幾多愁？恰似一江春水向東流」了。

原載民國七十九年六月一日《青年副刊》

畢業典禮

在臺灣，現在正是鳳凰花開的時候，也正是各大專院校紛紛舉行畢業典禮的季節。前些日子，在香港電視上，看到美國總統布希參加南卡羅林納州立大學的畢業典禮，他穿著學位袍在典禮上致詞，該校自校長以下的師長，也都穿著各色各樣的學位袍，五彩繽紛，光艷耀目，典禮顯得莊嚴隆重之外，又顯現多彩多姿的一面。

我任教的香港浸會學院，在接聘之初，就要求携帶學位服，以俾參加學校的開學典禮與畢業典禮時穿著。浸會學院每年的開學典禮歡迎新入學學生，畢業典禮頒發畢業證書歡送畢業同學，因爲香港總督兼任學院的校監，每次典禮，他都蒞臨，自校監、校董、校長以下每位講師，都穿著學位袍參加典禮，因學院教員來自世界各國著名大學，學位袍更是七彩繽紛，琳瑯滿目。我曾塡了一首〈菩薩蠻詞〉以紀畢業典禮的盛況：

莘莘學子盈堂屋。衣冠盡聚華歐服。博碩任人師。書香滿腹笥。

斑斕成七采。術業深如海。一手執文憑。苦辛多少情。

我認為師長穿著華麗的學位袍，無論是入學或畢業的學生，看在他們的眼中，對他們都有相當的啟示性與鼓勵性。在學生的心中是否也會這樣想，將來我也要設法穿上這樣的一套博士服，那麼不是就鼓勵學生努力向學了嗎？我們常說身教言教，身教除了德業之外，這是否也可以算是另外一種型式呢？

在臺灣教書的時候，每當舉行畢業典禮之際，照例也會接到學校當局的邀請函參加畢業典禮，除了少數有執事的教師外，大多數的教師多半是相應不理，縱然少數教師參加了典禮，也都是一襲便衣，毫無特色。整個典禮，除了應屆畢業生穿著學位袍外，在師長之中，大概也只有主持典禮的校長穿著了。甚至所邀請致詞的校外貴賓，也只是穿著一套畢挺的西裝而已。

比較國內國外的畢業典禮師長穿學位袍的情形，我想所以有這麼大的差別，因為各大學中的許多老師碩儒，多半是大陸時期畢業的，當時根本沒有學位袍，要求穿著也無從要求，後來各大學碩士班博士班相繼成立，碩士學位袍、博士學位袍也相繼製定，但因老先生們不穿，後輩也就不好意思穿出來。一直以來，學校當局對於教師應否參加畢業典禮，也沒有明確的規定，故就這樣因循拖沓下去，年復一年，未加改進。

如前文所言，師長穿著學位袍，對學生具有鼓勵作用，是值得倣效的措施。如果不能要求全校教師做到，是否可以要求擔任導師的教師先穿起來呢！

最後，對教育部一點建議，因爲教育部設計的博碩士學位袍，比起世界各國大學來，色彩顯得單調，是否授權各大學自行設計，發展各校的特色，不知主管的教育部以爲如何！

原載民國七十九年六月十日《青年副刊》

諤諤之言

讀五月二十四日的《聯合報》，報載前副總統謝東閔先生作激情之言，認爲現今政府的人事政策，決策過程過於保密，身爲中常委無緣一聞。故謝先生激動地說，他這個中常委可以不幹，但應說的話還是要說。《韓詩外傳》說：「眾人之唯唯，不若直士之諤諤。昔者商紂默默而亡，武王諤諤而昌。」明朝的古文家歸有光，有一篇有名的古文，題目叫做〈士立朝以正直忠厚爲本〉，就特別強調士之立朝，應該做到「諤諤乎無所隱也。」若前副總統謝東閔先生者，也可以說是諤諤之士了。

國民黨的中央常務委員會是國民黨的權力核心，凡是黨的重要決策與重要人事變動，都要經過中常會充分討論，然後通過，始能定案。所以身爲中常委，因參與決策，故得與聞黨國機要，倘身爲中常委而不得參與決策，不得與聞機務。則這一決策，顯然是不符合體制的，也非出於大公無私的，而是由少數人關門決定的。代表國民黨的權力核心的中常會不能參與決策，則國民黨的黨意何在？作爲黨主席的李總統，如果認爲現今的這批中常委已經不足以代表黨意，那麼可以召集中全會，重新選舉中常委，若又認爲全體中央委員亦不足以代表黨意，那又何妨再召開另一次全體代表大會呢！

說到黨的體制，出任國家重要職位的人，只要國民黨是執政黨，理應就執政黨的中常委選任。像副總統這麼重要的人選，就算是強人時代，也都是在體制內選任，蔣中正先生提名陳誠、嚴家淦爲副總統候選人，蔣經國先生提名謝東閔、李登輝爲副總統候選人，陳、嚴、謝、李當時都是中常委，是黨的核心人物。李總統提名李元簇先生爲副總統候選人，認爲李元簇先生才行卓越，忠貞不二，不尚空談，勇於負責。那何不在黨內先將李元簇先生的中央評議委員，改爲中央常務委員呢？如果先改爲黨的中常委，是不是更符合黨的體制呢！又如蔣彥士先生，具有協調溝通的才能，折衝樽俎的專長，用爲國是會議的召集人與總統府的秘書長，也是適當的人選，爲何在黨內不提名他爲中常委呢？

假如中常委是一批人，決策又是另外的一批人，這就繞過體制之外了，繞過體制之外，不受黨意監督，流弊所及，易於引用私人，以至佞倖當道，忠賢被扼。宋朝王安石的新法，不是不好，但因忠直老臣，多表反對，所以王安石就繞過體制之外，另設機構，引用少年新進，當時蘇東坡就批評他說：「祖宗以來，治財用者不過三司，今陛下不以財用付三司，無故又創制置三司條例一司，使六七少年，日夜講求於內，使者四十餘輩，分行營幹於外。夫制置三司條例司，求利之名也；六七少年與使者四十餘輩，求利之器也。」王安石剛愎自是，悍拒不改，故北宋自王安石以後，奸臣特多。《宋史·奸臣傳》的人物，像呂惠卿、曾布、章惇、安惇、蔡卞、蔡京之流，正是王安石所引進的六七少年。今捨中常會不與共商黨國大計，而獨倚重七人決策小組，又何其相類耶！

中國國民黨的黨員推選黨代表，全黨代表選舉中央委員，中央委員推選中常委，今黨主席不與中常委共商決策，則黨員意見何由上達？黨員意見不能表達，豈不令黨員氣索！這個黨對黨員還有甚麼吸引力呢？故捨體制而不由，說嚴重些，乃是瓦解黨的作法。難怪謝求公會激動地說：「再不講實話， 國父締造的黨在我們手中送掉了，何以向歷史交代？」

原載民國七十九年六月十三月《青年副刊》

一夕樽罍感慨多

在香港珠海學院梁永燊校長宴請該校新任文史研究所所長王聿均教授的延席上，大家的話題不免轉到國內的政情上，在座各位對國內多次民眾集會遊行焚燒國旗之舉，都顯得無比痛心，而對某些所謂知識分子，無視國家，助長歪風的言論與行爲，尤其感到憤慨。

席間，我曾探詢過梁校長，李總統既然在就職演說中提到，對於港澳同胞，尤其關切，九七之後，駐港機構也絕不會撤退，而一般香港輿論的反映，多認爲李總統的演說，只站在臺灣的利益出發，與香港的助益不大。我問梁校長，不知政府有無計畫在港設立一間像樣的大學，以造福香港市民。如果新設大學有阻礙，最少可從遷建珠海書院著手。假設政府撥足充分經費，遷建珠海書院，與築美輪美奐的校舍，延聘博學多才的良師。這不是事實勝於雄辯，行動勝於宣傳了嗎？

可是，我從梁校長口中所得到的答覆，卻令我非常沮喪，原來當今的政府，只想偏安於臺灣，做一個自了漢，並沒有長遠的海外發展計畫，梁校長說到激動處，更吐出一句發人深省的話。「最可悲的是我們這些海外追隨政府反共一輩子的人，臨老卻說不定除反共之外，還要反臺（獨）！」當年南宋「直把杭州作汴州。」固然沒有偏安過去，最後，終於降服在蒙古的鐵騎之下，拱手讓出了江山。研究史學的王聿均教授更感慨地說，今日的臺灣，連南宋偏安的局面都沒有。南宋的版圖，淮河以南，東至於海，西抵川陝，還有一大片土地。臺灣多大！大陸多大！怎麼偏安得了，怎麼會允許你偏安！

今皇神武是周宣。誰賦南征北伐篇？
四海一家天曆數，兩河百郡宋山川。
諸公尚守和親策，志士虛捐少壯年。
京洛雪消春又動，永昌陵上草芊芊。

重讀愛國詩人陸放翁的〈感憤詩〉，內心眞是百感交集。我們多麼期望李總統像中興周代的周宣王，南撫淮夷、北伐玁狁、安集流民，開創中華民族的新時代。

但是要開創中華民族的新時代，絕對不是喊幾句口號，發表幾篇講辭就可以的。必須內除臺獨之賊，外以民族大義，贏得海外同胞向心，海內海外，上下一心，才能逼迫中共改進，才能壓迫中共激變。如果黨內意見紛紜，國中歧見四出，自顧之不暇，何能影響對岸的強權。

國父昭告吾人「天下爲公」。希望李總統在大公無私的立場，在國內奠定充分的民主環境，在海外爭取廣大僑民的向心力，諸葛武侯的〈出師表〉向後主進言，希望後主能「諮諏善道，察納雅言。」欣聞國是會議即將召開，也望希李總統在「諮諏善道、察納雅言」後，迅速爲中華民族開創一個新時代。則我中華民族幸甚！中華民國幸甚！

原載民國七十九年六月十四日《青年副刊》

陳力就列，不能則止

行政院長郝柏村先生，雖在別有用心人士的汽油彈、石塊、鐵條等暴力示威反對下，終獲得立法院立法委員百分之八十以上的多數票通過，已於日前就任行政院長，負起國家最高行政責任。而且郝內閣也已經組成，從各位閣員的人選看來，也都能適才適所。在新內閣剛剛成立之際，謹以「陳力就列，不能則止」八字，表達我們的期許。

我曾經在一篇〈論從速重視勞工問題〉的文章裏，對前經濟部次長王建煊稱譽爲「有爲有守」，而當時的王次長終於在「公權力不振，無力感充斥」的情況下請辭，感到十分遺憾，但也終爲這種有骨氣的官員感到驕傲，我中華民國政府的高級官員中，竟也出現一位骨鯁堅剛，不爲保持權位而捽袖以去的好官。

根據《中時晚報》六月三日的報導，郝伯村先生確定擔任行政院長時，就找過王建煊先生出任新閣的財政部長，希望能爲國家做點事。王建煊先生也在不要做大官，而要做大事的心理下，毅然接受徵召，而接受新職位的挑戰。雖然他自己也有躊躇顧忌，更避免不了外界批評「以退爲進」，「謀求高官」的困擾。但王建煊認爲「當部長至少我可以拚一下，拚不出來，我走路，我一定負責到底。」這幾句擲地有聲的講話，不正是跟孔子說的「陳力就列，不能則止」八個字的意思，息息相通嗎？

正因爲王部長有這種襟懷，所以能言人之所不敢言，爲人之所不敢爲，上任伊始，就提出有意取消國民中小學教師薪資所得免稅規定。我相信王部長也想到過，這個問題一提出，必然觸犯國民中小學教師的眾怒。果不其然，由教育團體選出的立法委員陳哲男先生，即刻嚴詞斥責，甚至不惜扣帽子，並將在立法院提出質疑，陳委員爲選票著想，討好選民，這種表態，也是難以避免的。

但就所得稅的精神看來，有所得就應納稅，這樣對全國的所得稅納稅人才是公平的。若爲顧念中小學教師待遇非薄，則王部長亦認爲宜採補救措施，或提高中小學教師待遇，或全面降低薪資階層的稅賦，都不失爲可以施行的良好措施。

幾十年來，我政府各級官員抱著「多做多錯，少做少錯，不做不錯」的保位心態，這種保位主義盛行，必然百事頹唐，人才盡失。所以《詩經・魏風・伐檀》就大聲疾乎地說：「彼君子兮，不素餐兮」。尸位素餐，就是保位主義具體的說明了。

對於一位有爲有守的閣員，作爲民意代表的立法委員，不去研究他的動機，動輒以討好選民爲出發點，爲保自己的權位，隨便給人扣帽子，這種作法，內心實在不敢苟同，也期期以爲不可。

不僅對王部長個人以「陳力就列，不能則止」相期許，筆者表示欽佩，對郝內閣全體閣員，都望能具有古代大臣的襟懷。孔子沉痛地說過：「危而不持，顚而不扶，則將焉用彼相焉。」也值得今之閣員反覆審思的。

原載民國七十九年六月十九日《青年副刊》

國是會議

港澳地區國是座談會，於六月二十一日下午在香港九龍麗晶酒店舉行，筆者有幸，榮獲邀請，忝陪末席。這次座談會是海外地區最後一次，國是會議籌備會還算重視，派了四位籌備委員前來出席，聽取意見。他們是國民黨中常委立法委員謝深山、行政院法律顧問陳長文律師、民進黨秘書長張俊宏、首都早報發行人康寧祥先生。

與會人士一致指出，既是國是，首先應該確認「國」是指中華民國，只有認同中華民國的大前提下，召開國是會議才有意義，否則各「國」其「國」，那還談甚麼國是呢！澳門商界代表利開演先生說得好：「海外僑胞並非支持臺灣這個地方，而是支持中華民國的正統地位，所以臺灣當局必須堅持中華民國的正統。」這一發言，最得與會人士的心聲，也贏得最多的掌聲。

大會分兩部分進行，首部分，討論憲政改革，有四個議題。一、國會改革問題。二、地方制度問題。三、中央政府體制問題。四、中華民國憲法修訂方式有關問題。這部分由香港中文大學政治行政系教授翁松燃擔任主持人，主持會議進行研討。與會人士對國會必須改革，那是一致肯定的。至於怎麼改革，則有不同的看法，但大多數都集中在「國民大會」與「立法院」兩個民意機構上發言。或謂總統由全民普選。國民大會機能可以暫時凍結；或謂國民大會與立法院除由臺灣金馬按人數選出當地代表外，應有大陸與海外代表名額，而由政黨得票比例選出。筆者曾就監察院與考試院職權問題提出看法，監察委員憲法規定由省市議員投票選出，這是一種間接選舉，在臺灣目前的政治環境與賄選傳說盛行的氣氛下，不易選出風骨嶙峋，持正不阿的人士出來擔任，所選多為金牛級人士。監察委員職司風憲，又可個別行使職權，糾彈官吏，整飭吏治，具有古代御史的剛正廉能之士出任，才能打擊官吏的貪贓枉法，提高各級官吏的行政效率，如果監察院健全，實具有香港廉政公署的功效。因此必須修改憲法，把監察委員改為全民普選，並嚴格限制候選人的學識程度與品德修養。至於任期可效法美國參議員，每三年改選三分之一。使有經驗的委員與新進委員互相提携切磋，增進監察院的功能與效率。監察院的功能主要在代表民意，監督政府，整肅官箴。

至於考試院，國父的設想本來很週全，數十年來，所以功能不彰，主要是被行政院侵權，考試院的銓敍部，掌管全國公務員的任用、銓敍、考績、級俸、陞遷、褒獎、撫卹、退休、養老等事項，卻為行政院人事行政局分取其權責；考選部的高等考試為國家考選中上級公務人員，普通考試為國家選錄中下級公務人員，本來法良意美，用人惟才，杜絕幸進。但卻為行政院與考試院協議的甲等考試、特種考試破壞無遺、捨正途而不由，完全弄些旁門左道，難怪功能不彰了。

惟今之計，只有遵著憲法，考試院的歸考試院、行政院的歸行政院，就沒有功能不彰的問題產生了。

至於立法院的海外僑選委員，這代表海外三千萬華僑的心聲與權益，這是不能取消的，否則必定大失海外僑心。至於僑選立委的民意基礎問題，可以由在臺政黨普選得票率作比例分配，由政黨自行推薦的僑選立委膺選，這樣就比較沒有民意基礎的爭論，立法院也可以在祥和的氣氛下論政，樹立論政的典型。

其次部分，則討論大陸政策與兩岸關係。由香港中文大學副校長金耀基教授擔任主持人。與會人士共同表示臺灣執政當局存在著濃厚的偏安思想，處處表現出恐共、媚共的心態，已充分失去反共基地的立場，大家對這一點都同感失望，希望政府堅持自己的立場，不要隨著中共政權的音樂節拍而起舞。目前中共政權既反對政府與政府的對等談判，而黨與黨的談判亦不適宜，因爲執政的國民黨已非專政的黨，與專政的共產黨性質不同。所以在現階段，政府與政府又不適宜，只有暫時擱置。惟有加強民間的文化、學術、體育的交流，不但要與中共三通，而且還可以擴大到傳播媒體、文化學術等雙向交流，讓人民與人民彼此溝通、增進了解。由各說各話，達到求同存異，演變爲拓展其同，削減其異，這樣的話，兩岸的統一才有可期，統一是漫長的，不必急於求其實現，未統一之前，維持目前的現狀，恐怕仍是惟一可行的辦法。

動員戡亂時期停止以後，對於人員的交往，政府似乎不必對共產黨員的身分過於敏感，像許家屯這樣的老黨員還會受到香港資本主義自由化的影響，其他的共產黨員又何能例外呢？惟有充分地、大量地影響共產黨員質變，中共政權才有改革的希望，則大量地讓中共人員前來交流，不也是達到中共黨員質變的一個可行之法嗎？

原載民國七十九年六月三十日《青年副刊》

學術對等交流

李登輝總統在五月二十日的就職演說中，敦促中共「放棄在臺灣海峽使用武力，不阻撓我們在一個中國的前提下展開對外關係，則我們願以對等地位，建立雙方溝通管道，全面開放學術、文化、經貿與科技的交流，以奠定彼此間互相尊重、和平共榮的基礎，期於客觀條件成熟時，依據海峽兩岸中國人的公意，研討國家統一事宜。」

對等地位，對於海峽兩岸的交流，無疑是必要條件，但中共老人幫，一向自大慣了，要施行政府與政府的對等交流，恐怕一時尙難實現。然則政府何不鼓勵先從民間學術團體開始呢？縱然不鼓勵，最少也可以不阻礙、不牽肘，讓民間團體自行接觸發展。因爲學術界人士，智慮純熟圓融，沒有老人幫的僵硬頭腦，處事較爲靈活。等到民間的對等交流相習成風，則政府與政府間的對等地位，不也就水到渠成了嗎？

在大陸有中國音韻學會，在臺灣有中國聲韻學會，這兩個學會研究的宗旨相同，而且差不多是同時成立的，彼此雖沒有商量，可見兩岸學人心意是相通的。一九八八年我應聘到香港浸會學院中文系任首席講師，教授聲韻學，就想利用香港的中介地位，召開一次包括兩岸學者在內的國際學術會議，與系主任左松超博士商量，左博士極度贊成，願竭力促成其事。但仍不知大陸學人方面心意如何？一九八九年三月底香港大學召開章太炎、黃季剛學術研討會，大陸學人與會不少，相談之下，皆表贊成，並願力促其成。

當時我即以中華民國聲韻學會理事長身分，致函中國音韻學會會長邵榮芬先生，徵求召開一次包括兩岸學人在內的學術討論會的意見，信函託北京師範大學許嘉璐教授携往。不久，遇上八九北京民運，消息不通，稍有耽擱。八九年十二月，許教授再度來港，並携來邵會長復函，同意召開學術研討會，並推薦大陸學人與會名單。

於是我們積極籌備，敦請香港浸會學院校長謝志偉博士為研討會榮譽主席，左松超博士擔任主席，筆者出任秘書長。會議名稱正式定名為「香港浸會學院中國聲韻學國際學術研討會」，會議主題為「古音與方言」，論文限用中文發表，會議語言為國語（普通話），俾與會學人在具有共同語文的條件下，得以充分交換意見，而相互溝通。九〇年一月十六日發出第一次通知與註册表格，遍邀大陸、臺灣、歐、美、日、韓及港澳學人參加，通知發出後，寄回的註册表格，比發出去的還多，我們緊接著在三月一日發出正式邀請函，俾各地學人辦理來港手續。經統計結果，大陸申請與會發表論文者計三十三人，臺灣學人二十三人，歐美日韓五人、港澳二十三人，總計達八十四人，如果全部順利抵達，將是一場規模頗為龐大的學術研討會了。

浸會學院中文系沒有助教，因此一切有關會議事務，都由本系同仁分別擔任，除左主任與筆者外，羅思美講師負責聯絡，韋金滿講師佈置會場，宗靜航講師主管接待與總務，最可貴的是浸會學院中文系在校學生，組織了一個五十五人的龐大支援團，協助影印論文、佈置會場、分發資料、迎接班機與火車，會場接待等瑣細工作，不計報酬，努力以赴，他們的熱情，既幫了我們大會的大忙，也贏得與會學人的一致讚譽。

一切都準備好了，六月十日下午各地學人紛紛抵達，左博士與我及宗靜航講師趨赴大陸學人下榻的明愛賓館，表示歡迎之意。四十年的隔絕，可是卻一見如故，把臂寒暄，訴不盡的同胞之情、手足之愛，到底我們同是血脈相連的炎黃子孫啊！我中華民國聲韻學會爲贊助本次大會的順利舉行，特捐贈與會學人公文包一只，鑰匙串一條，公文包可以裝載論文，便於攜帶開會，鑰匙串的象徵意義，則在開啟兩岸學術交流之門。與會學人，俱同感立意良好，備加稱譽。

大會於六月十一日上午九時三十分在香港浸會學院邵逸夫樓正式揭幕，由大會主席左松超博士主持，榮譽主席謝校長志偉博士致開幕詞，大陸中國音韻學會會長邵榮芬先生，臺灣中華民國聲韻學會秘書長林炯陽博士也分別代表兩岸學人，對籌劃聲韻學國際研討會的意義加以肯定。對兩岸學人共聚一堂，表示歡欣，對主辦單位的辛勞，表示感謝，完全是由衷之言，沒有絲毫統戰的意味。

開幕典禮完畢後，接著就是正式研討會開始，兩天一共舉行了十四節研討會，發表論文四十八篇，各地參加學人一百餘人，分在兩個會場進行，節目相當緊湊，這次大會，在香港方面，除主辦學校外，香港大學、香港中文大學及三家理工學院都熱烈參與，香港大學中文系主任趙令揚教授在擔任第一節研討會主席的時候致詞說：「這次大會得以舉行，完全是學術領導行政。希望以後多發揮學術的影響力，讓行政跟著學術走！」眞是語重心長。

大會在十二日五時三十分圓滿結束，閉幕典禮由左松超主席、邵榮芬會長，及筆者代表臺灣中國聲韻學會聯合主持，大陸學人北京大學教授唐作藩、南京大學教授魯國堯、廣州中山大學教授李新魁；臺灣學人臺灣師範大學教授李鍌、中研院史語所研究員龔煌城、臺灣大學教授楊秀芳；港澳學人香港大學高講單周堯，中文大學高講常宗豪、講師張雙慶、黃坤堯；澳門東亞大學中文系主任雲惟利及美國喬治城大學楊福綿、日本大東文化大學瀨戶口律子，韓國蔚山大學朴萬圭均分別致詞發表感想。一致希望此一學術會議能賡續舉辦，最好在大陸、臺灣、港澳等地輪流舉行。晚上浸會學院中文系在聚龍閣歡宴與會學人，龍子龍孫，歡聚一堂，完全消除了意識形態的隔閡，增進了同胞感情的交流。是日我曾賦五言古詩一首，致贈與會學人，聊志感懷。

炎黃綿世胄，東亞稱俊秀。歷史五千年，文化尤淑茂。
尋音出本株，相接同聲臭。一峽分兩岸，卌載互纏鬭。
兄弟鬩于牆，志氣何鄙陋。携手在今朝，歡如遇故舊。

學術共發皇，各歸諭其幼。殷勤道寸心，寬仁宜在宥。
重建大中華，山河如錦繡，聲威復漢唐，昂頭步宇宙。

政府今後是否放心讓我們民間學術團體放手一搏，爭取兩岸對等的地位呢！

原載民國七十九年七月八日《青年副刊》

立法權與監察權

近日的國是會議，與會人員之中，頗有主張廢監察院，而將監察權併入立法院者，據六月三十日的〈香港時報〉消息，國是會議的第五組代表，主席張京育接受許信良的建議，針對監察院存廢問題，進行與會代表表決，表決結果中，監察院應予廢止贊成者十二人，九人認爲修正後維持，贊成維持現狀者零票。

監察院目前最爲人所詬病者，卽現行狀況下產生的監察委員。憲法規定監察委員由各省市議會及蒙古西藏地方議會選出，屬於一種間接選舉。行憲之初，各省市議會議員多能選出骨鯁堅剛、淸廉自守之士爲監察委員，故第一屆監察委員當中，多風骨嶙峋，耿介不阿之士，像于右任、陶百川、葉時修、吳大宇、曹德宣之倫，皆口碑載道，同爲社會所稱譽。監察委員職司風憲，必須身正然後方能正人。當時監察委員雖由間接選舉產生，而未聞賄選之聲者，乃因當日經濟尚未起飛，金錢的氾濫，尚不致構成選舉得票的因素。更重要的是讀書人能以氣節自持，不會惟財是務。而憲法第一百零三條，規定監察委員不得兼任其他公職或執行業務，也是一項重要的原因。

隨著臺灣經濟的起飛，候選爲監察委員者，不以品節自勵，而多腰纏億萬，傲視一方的財雄，於是賄選之聲乃傳聞不斷，耿介之士落選，金牛之流當道，不得執行業務，遂成具文。商人重利，維護自身利益，不遺餘力；政風之良窳，惟其利益所在，利益無損，窳亦良矣；利益有損，良亦窳矣。惟利是圖，是非無定，這才是監察權不彰的最大隱憂。

爲今之計，惟有將監察委員之間接選舉改爲直接選舉，庶幾可避免金牛蠢動，影響監委之清譽，至於海外僑選監委，可按政黨普選得票比例分配，由政黨推薦僑胞出任，則既有民意基礎，又能照顧海外僑民之權益。這當然涉及憲法修訂，爲使監察權更能完滿推行，是否值得國人與當局詳加考慮。

立法院有議決法律、預算、戒嚴、大赦、宣戰、媾和、條約及其他重要事項之權，而對行政院長之任命又有同意權，立法院的權利已大， 國父的五權分立構想，所以把對官吏的監督、調查、糾舉、彈劾等獨立爲監察權，就是怕立法權過於龐大，爲避免立法委員過於專斷，而影響議事效率。觀近年立法委員每藉政府官員私德爲由，進行質詢，頤指氣使，專橫跋扈，而致議事效率，大爲低落。則 國父把監察權獨立，實深具遠見，殊堪欽佩，今主張廢監察院之諸君，曷不於 國父政治思想，愼加考慮。

立法委員代表民意集體行使職權，以多數決爲依歸，故年限不能太長；監察委員代表民意監督官吏，個別行使職權，如果可能，每次立法委員改選的時候，也改選監察委員的三分之一或者一半，新舊委員混合運作，既熟悉調查程序，又不斷有新血注入，監察權行使得當，應具有香港廉政公署的功效，使政府各級官員在其監督之下，皆能廉潔自守，提高效率，不敢懈怠。我想這是　國父獨立監察權立意之所在，故期期以為不可撤銷，也不可以併合於立法院。

原載民國七十九年七月二十二日《青年副刊》

伸張考試院職權

經過國是會議的公開討論，維持五權分立的憲法，既然得到共識。五權分立的制度，本爲政黨政治而設想的，考試權獨立於行政權之外，尤其具有使公務員超出於政黨之外，保持中立態度，維持國家施政的安定。憲法八十三條規定：「考試院爲國家最高考試機關，掌理考試、任用、銓敍、考績、級俸、陞遷、保障、褒獎、撫卹、退休、養老等事項。」考試院爲了執行這些事項，院裏設立了考選部與銓敍部來主管這些業務。

憲法第八十八條：「考試委員須超出黨派以外，依據法律獨立行使職權。」考試委員所以必須超出於黨派之外，非常明顯，就是用人惟才，不受任何黨派、門閥、世故、人情的影響。政府官員不外兩類，一是政務官，主管政策的決定，隨政黨競選勝敗而進退，這是屬於行政院的範圍；一是事務官，主管政務的推行，不隨政黨進退，所以必須保持中立。縱然在政黨內閣交替的時候，也能推行日常政務，而不致中斷或頹廢。

考選部主要在選拔公務人員，國家中上級的公務人員須經過高等考試及格，參加高等考試須具有大學畢業或同等資格，處理國家經常性的事務，具有大學畢業的資格，已十足可以勝任愉快了，更高的學位當然也可以，但只要參加高等考試就可以了。至於什麼甲等考試、特種考試因人設考的制度，實在就是開後門破壞考試制度的公平，考試院欲伸張考試權，首先必須杜絕應行政院之請求而特設的考試。至於中下級的公務員則只須經普通考試及格就可以了，普通考試的應考資格只須要高中畢業或同等學力，這樣的設計；本來是最經濟而不浪費人才的制度，如果認眞施行，自可使國家長治久安，奠基於磐石之固。假如我們國家的公務員都能保持行政中立，則今日社會上集會遊行，濫施暴力而警察人員不敢取締、拘捕的情形將不復見，而「政治迫害」也將成爲歷史名詞了。

魏晉南北朝的九品中正選人的制度，太注重門閥世家，所選非才，所以終爲唐宋以來的科舉制度所替代，科舉制度雖也有缺點，但公平卻是最大的優點，因此寒門而可至將相，「先天下之憂而憂，後天下之樂而樂」的范文正公，就是一個最具代表性的例子。就像現在的大專聯考有許多許多的缺點，但公平的優點，仍沒有任何制度可以取代的。

銓敍部掌理全國公務人員的任用、銓敍、考績、級俸、陞遷、保障、褒獎、撫卹、退休、養老等事項，如能夠超出於黨派之外，更能保持公務員的行政中立，不捲入黨派的紛爭。像現在每逢大選之年，擴大加薪以爭取選票的現象，亦將不復再見。公務員每年應否加薪？加薪若干？銓敍部自可依據每年的生活指數加以衡量，不必受行政機關的牽制，這本是法良意美的優良制度，不知道爲什麼要弄出一個人事行政局來侵佔其職權，更不知當時的執政黨何以獨厚行政院而薄考試院？其實行政院、考試院都是國家的機構，又何有厚薄之分呢！李總統欲奠國家於長治久安，是否可從行政、考試職權回歸憲法著手呢！

原載民國七十九年八月一日《青年副刊》

中國統一的障礙

最近在香港召開了兩個有關「中國統一」的研討會，來自大陸的錢偉長、程思遠，只不過是共產黨的尾巴，卻端出一副氣勢凌人的架勢，以教訓的口吻告訴記者，把中國統一的障礙，指向我中華民國政府不肯舉行兩黨會談，並以譏笑的口吻說李登輝總統的對等談判，根本是不自量力，也絕不可能，因爲中國共產黨根本就不承認有中華民國。

中國共產黨沒有成立之前，中華民國就屹立在世界之上，中國共產黨竊據大陸四十年，我中華民國也依然屹立在臺灣，不但沒有消失，反而經濟更繁榮，政治更民主，社會更開放，思想更自由，人民更富裕，國民平均所得已達八千美元，外匯儲備僅次於日本，佔世界第二。持中華民國護照的臺灣同胞在全大陸各大城市與旅遊勝地，住最高級的旅館，吃最精緻的餐點，至於投資設廠的商人，更是各級共黨黨官拉攏招待、脅肩諂笑的對象。

一句根本就不承認有中華民國，就可把我中華民國抹煞得了嗎？中共老人黨睡在中南海做他的皇帝夢，異想天開地想出什麼「一國兩制」，就想平白無辜地把我中華民國政府降爲地方政府！香港的「一國兩制」，實際上只是中共政治手段的運用罷了。因爲香港新界的租約關係，中共想順利收回香港，以安撫港人，減少香港回歸的阻力，所以才有「一國兩制」、「五十年不變」的鬼話。香港人如果相信的話，就不會移民潮不斷，甚至深夜排隊去轉換英國屬土公民的身分了。

德國在二次大戰後分裂爲東西，朝鮮半島分裂爲南北，東西德國的統一瞬將實現，南北韓的政府近來也各作姿態，令人注目。海峽兩岸的交往也日漸頻繁，統一的口號也不斷喊出，作爲炎黃子孫，誰又不盼望國家早日統一呢？

六月中香港浸會學院舉辦了一次中國聲韻學國際學術會議，大陸來港參加的學者，紛紛埋怨，他們辦一次出國手續，時間竟長達四個月，還有許多人不能如期到達。七月中，我去了一趟廣州，當地學者十分殷勤，招待在家用膳，在攝氏三十多度的酷暑中，沒有冷氣設備，用餐時，汗如雨下，眞是食不甘味。我們又怎麼能統一在這種制度下與這種環境中呢？

中共爲達到逼迫我中華民國政府在它設定的條件下與它談判統一的問題，乃千方百計在國際社會孤立我們，其實中共完全打錯了算盤，這樣做反而增加了統一的障礙。中共老人幫，如果還有絲毫良心，爲中華民族前途著想，只有趕快改弦易轍，不但不孤立我們，更要在國際社會携手合作，則以我政府的政經活力，必能在國際上取得更大的經貿成績。然後以我們的經濟力量幫助中國大陸經濟建設，只有在兩岸人民的生活水平相近的時候，中國的統一才有實現的可能，也才能爲全體中國人所接受。

原載民國七十九年八月八日《青年副刊》

廣州見聞

闊別了神州大陸四十年，七月中應廣州中山大學李新魁教授之邀，第一次踏上了故國的河山，心情是複雜的，也是激動的。筆者與同行的香港中文大學的黃坤堯講師下榻在廣州的中國大飯店，這是一間五星級的國際觀光旅社，一進到旅社的大堂，大多數的旅客講的都是國語，間或夾雜著閩南語，原來大部分都是從臺灣來旅遊的客人，置身其間，幾乎忘了是在中共統治下的神州大陸。

中共進行簡體字幾十年，大飯店的中文標示及街道上商店的招牌，我看用正體字（大陸稱繁體字）的仍佔大多數，只有中共的機關或公營企業與商店才用簡體字，據廣州當地人說，用繁體字是爲了便利港澳臺同胞辨識，因爲港澳臺同胞富有、購買力強，就好像許多大飯店附有日文標識一樣。可見只要經濟發展成功，對於文字的繁簡也具有影響力的。這就好像第二次世界大戰以後，美國成爲全球最富強的國家，所以英語（實際上是美語）就成爲全球最通行的語言。

在臺灣也好，在香港也好，書報攤上報紙數量之多，是很普遍的，而且每份報紙都三、四張紙以上，大報更多達十幾張紙，而且銷路也很不錯。廣州的書報攤，報紙的份量實在少得可憐，像《廣州日報》薄薄的一張紙，而且沒有什麼人買，人們說看不看報都是一樣。看街頭書報攤上報紙的多寡，也就可以窺測言論自由的程度了。

這次在廣州，參觀了中山大學、暨南大學與廣州師範學院三間大學，一般來說，校園普遍要比臺灣的大學大得多，像廣州中山大學就相當廣袤，臺灣大學恐怕與之相形也要失色。但走在校園發現草坪很少修理，雜草叢生，顯得相當凌亂，行政管理上好像相當不得法。教職工的宿舍佔了校園不少的地方，而且還不斷地興建，總是覺得宿舍緊張，因爲退休了的教職員工既不遷出，身故後子孫也可住下去，從來不設限期，新來的教職員工自然就要加建宿舍了。這樣不斷地加建下去，校園有限，只有向空發展，有些宿舍高達十幾層，卻沒有電梯。眞不敢想像，住在十幾層高的宿舍，一旦心臟病發作，要怎麼樣去就醫呢？

一般的宿舍都很小，大約二十坪左右。大學教授的家裏，客廳沒有冷氣，有一把電吊扇，扇翼旋轉得很慢，只微微地打動空氣流動，在香港到處都是冷氣的地方住慣了，一時之間，還眞難適應呢？他們所以沒有冷氣設備，據說是廣州基建不足，供電不足，而待遇的菲薄也是一大原因。

廣州的名勝古蹟，參觀的時候都要購票入場，奇特的是處處購票，譬如參觀黃花岡七十二烈士紀念碑，進門的時候要購票，進到裏面，要參觀個別烈士墓碑，又要另外購票；參觀越秀公園，進園的時候要購門票，進去以後，參觀五羊塑像，又要重新購票，票價雖然不高，但想不透為何不包含在一張門票之內，既省去購票的痲煩，便利遊客；也可以省掉不少不必要的員工，節省開支。我想這就是中共時常口頭上叫喊的「社會主義的優越性」吧！

原載民國七十九年八月十九日《青年副刊》

百花齊放的政黨

九〇年七月二十七日的《明報》刊載一段消息，大意是說，東德聯合政府的政黨，爲了東德究竟應在十二月二日全德大選之前一日或後一日與西德合併，發生了爭辯。聯合政府中的自由黨與社會民主黨均贊成在大選前一日合併，而以總理德邁齊埃爾爲首的基督民主黨，以及另外兩個小黨民主覺醒黨和右翼德國社會聯盟，卻堅持在大選後一日合併，雙方一直爲此而僵持不下。這兩派的政黨爲甚麼要爲東西德的合併爭一日短長呢？

問題的關鍵乃與各政黨的政治利益與前途具有極大的關係，因爲若是在大選前一日合併的話，到了大選的時候，就須用西德的選舉規例，即任何一個政黨都須取得至少百分之五的選民支持，才能參加角逐。這樣一來，那些不能取得百分之五選民支持的小黨，如改革後的共產黨，右翼的德國社會聯盟等，都可能被擯出局。而他們原有的部分選民可能轉而支持社民黨或自由黨，而增加對德邁齊埃爾及西德總理科爾的基督教民主黨威脅，所以德邁齊埃爾堅持在選舉後，兩德才正式統一。

我中華民國政府自從解除黨禁以後，大小黨派如雨後春筍一樣地冒了出來，根據報章雜誌的報導，總不下數十個，眞可說是百黨爭鳴、百花齊放了。而名片上印成黨主席的人，也多如過江之鯽了。

從西德的選舉規例，所謂政黨必須取得至少百分之五的選民支持，否則被擯出局。是否有值得我國參考的地方，不然一些只是滿足個人領袖慾，毫無民意基礎的政黨，打著政黨的招牌，滿天亂飛。尤其在大陸熱尚未退熱的今天，少數不成氣候的政治團體，打著政黨的名號，爲湊熱鬧，妄自與中共政權談論統一的問題，這不但亂了陣腳，也淆亂了天下的視聽。

不知道政府有關當局有沒有參考西德的選舉規例，對政黨的參選作適當的限制。譬如說，下次中央民意代表的選舉，凡得不到百分之五選民支持的政黨，就不得再參加以後的中央民意代表的選舉了。在地方選舉上也依此規定辦理，這樣是不是可以淘汰一些毫無作爲與民意基礎的所謂政黨呢？

如果眞想走上一個完美的民主制度，這種限制也是必要的。現今的辦法把政黨的規範擺在人民團體法下是不合理的，據我所知一些人民團體的常務理事與理事長是有年限的規定，把這種規定加之於政黨的中常委與主席更是不合理的，政黨的存在是靠民意支持的，人民旣支持，又怎麼可以限制他的任期與年限呢？國是會議後，中央是否應該愼重考慮規劃出一部政黨法，對所有的政黨給它一個良好的規範呢？據七月二十七日的《香港時報》消息，中國國民黨中央文化工作會決定，自即日起將「國是建言」專用信箱，改爲「憲政改革」建言信箱。那本篇的意見就算筆者對「憲政改革」建言吧！

原載民國七十九年八月二十日《青年副刊》

一則新聞幾種報導

中共新華社報導，大陸同胞偷渡來臺，被強迫遣返福建，二十五人被困船艙窒息而死，中共指責我政府製造「人爲慘劇」。這一消息，國防部長陳履安先生指出疑點甚多，希望各界輿論應該相信政府遣返處理，不要有所懷疑，因爲我們是民主自由的國家，向來極爲重視人道，絕無違反人道的事。

我爲了瞭解中共的指控與我政府的解釋，特將八月四日香港最大的四份報紙《東方日報》、《星島日報》、《成報》、《明報》以及左派的《文匯報》、右派的《香港時報》都購買來了，仔細閱讀他們各報的報導內容。這些報紙當中，《星島日報》、《東方日報》奉我中華民國的正朔，立場中間偏右；《成報》中立性質較濃，六四前的《明報》可以銷往大陸，所以應算是中間偏左。左派的《文匯報》用了將近七百字報導，標題是：「大陸客窒死事件新發展，臺灣警總昨承認，以木板將船艙釘死。」顯然是把責任推給我政府，消息來源則根據臺灣《中國時報》記者陳繼仁先生的報導。另一欄標題是：「就大陸客慘死事，臺統聯發聲明，呼籲兩岸調處勿重演悲劇」，也有藉「中國統一聯盟」的聲明指責我政府的意思。《明報》用了近九百字來報導，標題是：「因艙死亡事件震撼兩岸，北京希望臺北徹查眞相，大陸呼籲尊重同胞生命尊嚴，陳履安則指新華社報導存疑」。表面上維持中立，但引述北京官員的談話遠多過臺北的官員。《成報》也用了一千字左右來報導這則消息，標題是：「中共指大陸客遣返後悶死船艙，陳履安數疑點，傳福建漁民說法與官方迥異。」《東方日報》只用了三百字左右報導這件新聞，標題是：「對悶死大陸人蛇事，陳履安說疑點甚多，國防部將進一步了解。」內容全引述陳履安的談話，沒有引中共官員的言論。《星島日報》的標題是：「就中共指責悶斃偷渡客，臺否認處理非人道，強調事件可疑待查。」消息來源引自臺北官方消息。另一欄標題說：「據傳爲漁船所有權問題，遣返途中打鬪，平潭客落敗遇害。」則根據自福建探親歸來的臺灣客所說。《香港時報》用了大半版的篇幅解釋我政府的立場，標題很多，舉其重要一則：「陳履安認爲疑點甚多，將進一步瞭解，遣返與經常無異，船艙內有六十九人，二十五人死亡可能與搶船有關。」與《文匯報》的報導，可以說是針鋒相對。

悶死的二十五個人是我們大陸的同胞，我們當然關心，綜合各報的報導，他們的死因實在可疑。就是左派的《文匯報》也只是引述《中國時報》記者的報導。對於一則眞相未明的事件，我們的傳播媒介處理的時候是否該特別謹愼，否則除對國家造成傷害外，也給社會大眾一些誤導。

最無恥的就是中共國務院的所謂高級官員，居然還有臉高叫甚麼「尊重同胞生命尊嚴」。中共治理神州大陸四十年，造成大陸同胞紛紛逃向臺灣與港澳，同胞的尊嚴在那裏，如果要尊重同胞的尊嚴，那就在政治上、經濟上趕快向臺灣學習，當大陸同臺灣一樣富裕安樂自由民主的時候，我們的同胞自然就有尊嚴，也就不會再向外逃了。

原載民國七十九年八月二十八日《青年副刊》

伊拉克出兵的警示

伊拉克與科威特並沒有化解不開的仇恨，而且還同是阿拉伯國家，在伊拉克與伊朗八年戰爭期間，科威特還聯同一些阿拉伯國家大量經援伊拉克，只因為伊拉克總統海珊因窮兵黷武，好大喜功，使得國家財政困難，人民貧苦。不但科威特的借款不想歸還，還藉口科威特盜取伊拉克的石油資源，提出要科威特賠償二十四億美元的損失，並割讓科威特布比延及法拉克兩島，這種割地賠款的苛刻要求，科威特一不答應，就像希特勒一樣發動閃電戰術入侵科威特，現在科威特首都及油港都被佔領，科威特王弟法赫德親王亦已戰亡。因為伊拉克與科威特的軍事力量相差懸殊，可以說科威特全境已差不多被伊拉克佔領與管制了。

科威特因為盛產石油，富甲全球，西方工業國家的石油資源多數都仰賴於科威特與沙烏地阿拉伯。可以說是西方工業國家的一條重要的生命線，雖然全世界的工業國家都譴責伊拉克的入侵，美國與蘇俄兩個超強甚至史無前例地發表聯合聲明，譴責暴行，並呼籲世界各國停止對伊拉克的一切武器交運，更要求嚴厲制裁伊拉克。但因科威特軍力太過薄弱，不旋踵間，國土即被佔領，縱然該國駐美大使呼籲美國出軍干預，根據美國有線電視新聞網路的民意調查，八成民眾雖贊成出兵，但布希總統猶前瞻後顧，不敢作斷然處置。縱然日後得到支援，肯定富裕的科威特也必定遭受了難以彌補的損失。

我復興基地臺灣，雖佔有世界戰略上重要的地位，但在西方工業各國的眼中，其重要性肯定比不上科威特。而中共老人幫殘暴老人們，六四可以下令屠殺手無寸鐵的青年學生與北京市民，則其瘋狂強悍的強度，肯定不會亞於伊拉克總統海珊，那麼要對臺動武，從伊拉克悍然不顧一切的情形來看，恐怕更值得我們提高警惕。

八月四日的《明報》引據新華社的消息，說大陸漁民偷渡來臺，被遣返福建，二十五人被困密封船艙，窒息而死，指責我政府「人爲製造」這一不人道的命案。這顯然在製造藉口，擾亂國際視聽，誣衊我政府採取不人道的手段。這實在是共產黨人造謠生事的一貫伎倆。縱然有二十五條命案，也是那個殘暴不仁的政權栽贓而成的。所以要製造這些藉口，就是爲他在臺海動武先營造氣氛。

近年來，民意代表中不乏要求裁減國防軍力，想想看，假若我復基地也像科威特一樣薄弱得經不起一擊，一旦中共武力犯臺時，我們在世界強國眼中的重要性遠不如科威特，要得到國際上的支援，必須要能先抵得住中共的侵犯，讓兵連禍結，影響世界重要國家的切身的利益，才能得到國際上的聲援，否則三朝兩日就被佔領管制了，那我們就永無翻身之日，中華民族的前途也永遠沉淪到黑暗的深淵了。這還不够要求裁減國防軍力的民意代表們警惕嗎？

原載民國七十九年八月二十九日《青年副刊》

難以理解的說法

民國七十九年八月十七日的《星島日報》刊載中新社的一段電文。中新社的記者爲「閩平漁五二〇二號」漁船在臺灣撞船，造成二十一人失蹤事件，特專訪了福建平潭臺灣事務辦公室副主任薛來金。這位副主任說：「從平潭許多被遣返的私自渡海入臺者，在臺受到非人待遇來看，慘案一再發生，決非偶然。許多人被臺灣當局抓走後，受盡折磨和凌辱，輕則致傷致殘，重則丟命，身心健康受到不同程度摧殘。」這一段話，可謂竭盡誣衊我政府的能事了。

但是我們要問，爲什麼「許多人」受盡折磨和凌辱後，仍有「許多人」源源不絕地湧向臺灣？「許多人」在遣返途中又紛紛跳船潛回臺灣？甘願再受折磨與凌辱。我政府所以在漁船艙加釘木條，主要就是防止遣返途中的紛紛跳海潛回不得已的辦法。這「許多人」不願留在「社會主義優越性的大陸」，享受優越性的社會主義建設，卻紛紛跨海遠來臺灣接受折磨與凌辱，這中間的基本原因又在那裏？

自唐宋以來，嶺南地區都是安置謫宦逐臣的惡劣地方，像唐代的宋之問、張九齡；宋代的蘇軾兄弟等，都是受到政治的迫害，被貶謫到嶺南來的，一般人是不願意到這種蠻煙瘴雨地帶受煎熬的。暑假期中，筆者到廣州與惠州旅遊，接觸許多遠自東北、西北、華中、華東而來的大陸同胞，交談之下，才知道今天大陸各地人民的心態完全與唐宋人的想法不同。最有辦法的人想盡辦法弄張單程證到港澳定居，其次則到深圳特區，再其次則滯留在廣州與惠州一帶的嶺南地區，嶺南的蠻煙瘴雨總要勝過北京的腥風血雨了。

在海峽對岸的福建省，那裏的同胞所想的就是用盡辦法，偷渡到臺灣，這種大量人民外逃的現象，中共政權各級黨官毫無羞愧地指爲盲流。令人心酸的是，四十年來，大陸人民冒死逃亡偷渡到港澳的浪潮，雖然起伏不定，但卻從來沒有間斷過。自從臺灣地區解除戒嚴以後，更發展到偷渡前往隔了一個海峽的臺灣。不管是中共故意縱容人民偷渡也好，人民謀取更佳生活自動逃亡也好，那就是大陸同胞對中共所謂的「社會主義制度下的幸福生活」，已毫無留戀，一有機會，他們便不惜離鄉別井，拋棄骨肉，冒死外逃，歸根結柢，中共殘民以逞的暴政實難辭其咎的。

苛政猛於虎，讀柳宗元的〈捕蛇者說〉，已經感慨萬千，今日大陸之苛暴，又何止百倍於柳宗元所感受到的呢？中共黨官不自反省其倒行逆施，反夸夸其談指責我政府對大陸偷渡客的摧殘，厚顏寡恥，眞是到了極點。這也難怪，原來發自畜牲嘴裏的語言，的確不是人們所能理解的。

原載民國七十九年九月八日《青年副刊》

立法從寬，執法從嚴

八月二十日《星島日報》的消息說：「臺工業界批評當局，兩岸關係法近苛刻，促放棄『立法從嚴，執法從寬』。」筆者不知道「立法從嚴，執法從寬」的觀念，從甚麼人衍生出來，但卻知道這一觀念，乃導致今日臺灣一切亂嘈嘈毫無章法的基本原因。

從臺北市混亂的交通看來，就知道「執法從寬」的惡果。臺北市的主要幹道，像忠孝、仁愛、信義、和平等道路的內側快車道，都標示「禁行機車」的字樣，但禁由你禁，行自我行，從來就沒看見過執法的交通警察認眞取締過。這種有禁而不執行的例子，眞是難以計數。前幾個月，我因公返臺北一趟，看到仁愛與信義路改爲單行道，另闢有公車逆行道，但也看到一些私家車也行駛在公車逆行道上，也沒有交通警察即時取締。有一次在高速公路上，因爲塞車的關係，大量的私家車行駛路肩超車，也沒有交通警察加以有取締。有法不執行，不如不立法，沒有法條禁止，大家都是公平的；有法而不執行，守法的人就往往有吃虧的感覺，不守法的人就養成投機取巧的心理，更嚴重的是養成人民漠視法例的習慣，而且也讓執法人員有上下其手的機會，這樣下去，社會秩序焉得不顚錯？

所以說，「立法從嚴，執法從寬」的心態是要不得的，說穿了，「立法從嚴」就是政府甚麼事都要管，不該管的也想管。「執法從寬」的實際意義就是沒有能力管，甚麼事都管不好。於是拿「執法從寬」這塊遮羞布來自我掩飾，自我遮醜。這個「立法從嚴，執法從寬」的概念，是腐蝕我國家社會的大毒藥。在國家勵精圖治的當兒，早就應該拋棄了。

香港只是英國殖民地，沒有民主，但社會秩序遠比臺灣好得多，讓人生活在這塊土地上，沒有憂懼。甚麼原因呢？只是「執法從嚴」罷了。舉個例來說，獅子山隧道是新界到九龍的交通要道，獅子山隧道的大塞車在香港是很有名的。但是在上下班時間，香港政府開闢了「巴士專線」，只許公車與巴士駛用，其他私家車、貨車等一概在禁止之例。而所有的車輛也都嚴格遵守，從不越線。爲什麼呢？因爲只要越線行駛，立刻就有交通警察前來取締，加以重罰，這就是「執法從嚴」的效果啊！

因此筆者呼籲政府從現在開始要「立法從寬，執法從嚴」，衡度自己的物力與人力，不該管不必管的事務就不必管，讓人民自己去發展。但與國家安全、社會秩序、人民生命財產有關的事務，就應該明定法例，嚴格執行。決不容許投機取巧，上下其手的事故發生。

原載民國七十九年九月二十日《青年副刊》

新書推薦

◈唐宋詩詞選　巴壺天編
—詞選之部

作者一生精於詩與禪，所選諸詩詞，均甚精審，並將名家詩詞評列於作品之後，提供讀者在賞析時的參考。另收錄有：作者小傳、總評、注要、釋篇、記事、附錄等。有此書在手，已囊括坊間其他通行本而有餘。

◈唐宋詩詞選　巴壺天編
—詩選之部

作者一生精於詩與禪，所選諸詩詞，均甚精審，並將名家詩詞評列於作品之後，提供讀者在賞析時的參考。另收錄有：作者小傳、總評、注要、釋篇、記事、附錄等。有此書在手，已囊括坊間其他通行本而有餘。

◈從傳統到現代　傅偉勳主編
—佛教倫理與現代社會

本書收錄了第一居中華國際佛學會議中所提出的十五篇論文，這十五篇論文環繞著會議主題「佛教倫理與現代社會」所各別提出的歷史考察、課題探討、理念詮釋、問題分析、未來展望等等，可謂百家齊鳴，各有千秋。

◈維摩詰經今譯　陳慧劍譯註

「維摩詰經」，全名是「維摩詰所說經」，又義譯爲「無垢稱經」。這部經的義理主要導航人物，是現「居士身」的維摩詰，思想則涵蓋中國自東晉以後發展的「三論、天臺、禪」三種中國式佛教宗派，其影響不可說不大。

◈我是依然苦鬬人　毛振翔著

乍看本書書名，或許以爲是一部個人自傳，實際上，這是將毛神父於近十餘年來頻頻飛赴美國，從事國民外交之事蹟及對政治、宗教之建言，彙整出版。篇篇皆爲珍貴史料，願讀者勿等閒視之。

◈儒學的常與變　蔡仁厚著

「時風有來去，聖道無古今。」儒家有二千五百年的傳統，是人類世界中緜衍最長久、影響最廣遠的一大學派

本書針對儒學之常理常道，及其因應時變以求中國現代化之種種問題，有透徹中肯之詳析。